心一堂術數古籍珍本叢刊

書名：《地理辨正集註》附《六法金鎖秘》《巒頭指迷真詮》《作法雜綴》等（一）
系列：心一堂術數古籍珍本叢刊 第二輯 堪輿類 211
作者：【清】蔣大鴻 等原著 【清】尋緣居士 輯
主編、責任編輯：陳劍聰
心一堂術數古籍珍本叢刊編校小組：陳劍聰 素聞 鄒偉才 虛白盧主

出版：心一堂有限公司
通訊地址：香港九龍旺角彌敦道六一〇號荷李活商業中心十八樓〇五—〇六室
深港讀者服務中心：中國深圳市羅湖區立新路六號羅湖商業大廈負一層〇〇八室
電話號碼：(852)67150840
網址：publish.sunyata.cc
電郵：sunyatabook@gmail.com
網店：http://book.sunyata.cc
淘寶店地址：https://shop210782774.taobao.com
微店地址：https://weidian.com/s/1212826297
臉書：https://www.facebook.com/sunyatabook
讀者論壇：http://bbs.sunyata.cc/

版次：二零一八年九月初版
平裝：五冊不分售

定價：港幣 一千二百八十元正
新台幣 四千九百八十元正

國際書號：ISBN 978-988-8266-54-8

香港發行：香港聯合書刊物流有限公司
地址：香港新界大埔汀麗路36號中華商務印刷大廈3樓
電話號碼：(852)2150-2100
傳真號碼：(852)2407-3062
電郵：info@suplogistics.com.hk

台灣發行：秀威資訊科技股份有限公司
地址：台灣台北市內湖區瑞光路七十六巷六十五號一樓
電話號碼：+886-2-2796-3638
傳真號碼：+886-2-2796-1377
網絡書店：www.bodbooks.com.tw
台灣國家書店讀者服務中心：
地址：台灣台北市中山區松江路二〇九號一樓
電話號碼：+886-2-2518-0207
傳真號碼：+886-2-2518-0778
網絡書店：http://www.govbooks.com.tw

中國大陸發行 零售：深圳心一堂文化傳播有限公司
深圳地址：深圳市羅湖區立新路六號羅湖商業大廈負一層〇〇八室
電話號碼：(86)0755-82224934

心一堂微店二維碼

心一堂淘寶店二維碼

心一堂術數古籍 珍本 整理 叢刊 總序

術數定義

術數，大概可謂以「推算（推演）、預測人（個人、群體、國家等）、事、物、自然現象、時間、空間方位等規律及氣數，並或通過種種『方術』，從而達致趨吉避凶或某種特定目的」之知識體系和方法。

術數類別

我國術數的內容類別，歷代不盡相同，例如《漢書・藝文志》中載，漢代術數有六類：天文、曆譜、五行、蓍龜、雜占、形法。至清代《四庫全書》，術數類則有：數學、占候、相宅相墓、占卜、命書、相書、陰陽五行、雜技術等，其他如《後漢書・方術部》、《藝文類聚・方術部》、《太平御覽・方術部》等，對於術數的分類，皆有差異。古代多把天文、曆譜、及部分數學均歸入術數類，而民間流行亦視傳統醫學作為術數的一環；此外，有些術數與宗教中的方術亦往往難以分開。現代民間則常將各種術數歸納為五大類別：命、卜、相、醫、山，通稱「五術」。

本叢刊在《四庫全書》的分類基礎上，將術數分為九大類別：占筮、星命、相術、堪輿、選擇、三式、讖諱、理數（陰陽五行）、雜術（其他）。而未收天文、曆譜、算術、宗教方術、醫學。

術數思想與發展——從術到學，乃至合道

我國術數是由上古的占星、卜筮、形法等術發展下來的。其中卜筮之術，是歷經夏商周三代而通過「龜卜、蓍筮」得出卜（筮）辭的一種預測（吉凶成敗）術，之後歸納並結集成書，此即現傳之《易

經》。經過春秋戰國至秦漢之際，受到當時諸子百家的影響、儒家的推崇，遂有《易傳》等的出現，原本是卜筮術書的《易經》，被提升及解讀成有包涵「天地之道（理）」之學。因此，《易．繫辭傳》曰：「易與天地準，故能彌綸天地之道。」

漢代以後，易學中的陰陽學說，與五行、九宮、干支、氣運、災變、律曆、卦氣、讖緯、天人感應說等相結合，形成易學中象數系統。而其他原與《易經》本來沒有關係的術數，如占星、形法、選擇，亦漸漸以易理（象數學說）為依歸。《四庫全書．易類小序》云：「術數之興，多在秦漢以後。要其旨，不出乎陰陽五行，生尅制化。實皆《易》之支派，傳以雜說耳。」至此，術數可謂已由「術」發展成「學」。

及至宋代，術數理論與理學中的河圖洛書、太極圖、邵雍先天之學及皇極經世等學說給合，通過術數以演繹理學中「天地中有一太極，萬物中各有一太極」（《朱子語類》）的思想。術數理論不單已發展至十分成熟，而且也從其學理中衍生一些新的方法或理論，如《梅花易數》、《河洛理數》等。

在傳統上，術數功能往往不止於僅僅作為趨吉避凶的方術，及「能彌綸天地之道」的學問，亦有其「修心養性」的功能，「與道合一」（修道）的內涵。《素問．上古天真論》：「上古之人，其知道者，法於陰陽，和於術數。」數之意義，不單是外在的算數、歷數、氣數，而是與理學中同等的「道」、「理」——心性的功能，北宋理氣家邵雍對此多有發揮：「聖人之心，是亦數也」、「萬化萬事生乎心」、「心為太極」。《觀物外篇》：「先天之學，心法也。……蓋天地萬物之理，盡在其中矣，心一而不分，則能應萬物。」反過來說，宋代的術數理論，受到當時理學、佛道及宋易影響，認為心性本質上是等同天地之太極。天地萬物氣數規律，能通過內觀自心而有所感知，即是內心也已具備有術數的推演及預測、感知能力；相傳是邵雍所創之《梅花易數》，便是在這樣的背景下誕生。

《易．文言傳》已有「積善之家，必有餘慶；積不善之家，必有餘殃」之說，至漢代流行的災變說及讖緯說，我國數千年來都認為天災，異常天象（自然現象），皆與一國或一地的施政者失德有關；下至家族、個人之盛衰，也都與一族一人之德行修養有關。因此，我國術數中除了吉凶盛衰理數之外，人心的德行修養，也是趨吉避凶的一個關鍵因素。

術數與宗教、修道

在這種思想之下，我國術數不單只是附屬於巫術或宗教行為的方術，又往往是一種宗教的修煉手段--通過術數，以知陰陽，乃至合陰陽（道）。「其知道者，法於陰陽，和於術數。」例如，「奇門遁甲」術中，即分為「術奇門」與「法奇門」兩大類。「法奇門」中有大量道教中符籙、手印、存想、內煉的內容，是道教內丹外法的一種重要外法修煉體系。甚至在雷法一系的修煉上，亦大量應用了術數內容。此外，相術、堪輿術中也有修煉望氣（氣的形狀、顏色）的方法；堪輿家除了選擇陰陽宅之吉凶外，也有道教中選擇適合修道環境（法、財、侶、地中的地）的方法，以至通過堪輿術觀察天地山川陰陽之氣，亦成為領悟陰陽金丹大道的一途。

易學體系以外的術數與的少數民族的術數

我國術數中，也有不用或不全用易理作為其理論依據的，如揚雄的《太玄》、司馬光的《潛虛》。也有一些占卜法、雜術不屬於《易經》系統，不過對後世影響較少而已。

外來宗教及少數民族中也有不少雖受漢文化影響（如陰陽、五行、二十八宿等學說。）但仍自成系統的術數，如古代的西夏、突厥、吐魯番等占卜及星占術，藏族中有多種藏傳佛教占卜術、苯教占卜術、擇吉術、推命術、相術等；北方少數民族有薩滿教占卜術；不少少數民族如水族、白族、布朗族、佤族、彝族、苗族等，皆有占雞（卦）草卜、雞蛋卜等術，納西族的占星術、占卜術，彝族畢摩的推命術、占卜術……等等，都是屬於《易經》體系以外的術數。相對上，外國傳入的術數以及其理論，對我國術數影響更大。

曆法、推步術與外來術數的影響

我國的術數與曆法的關係非常緊密。早期的術數中，很多是利用星宿或星宿組合的位置（如某星在某州或某宮某度）付予某種吉凶意義，并據之以推演，例如歲星（木星）、月將（某月太陽所躔之宮次）等。不過，由於不同的古代曆法推步的誤差及歲差的問題，若干年後，其術數所用之星辰的位置，已與真實星辰的位置不一樣了；此如歲星（木星），早期的曆法及術數以十二年為一周期（以應地支），與木星真實周期十一點八六年，每幾十年便錯一宮。後來術家又設一「太歲」的假想星體來解決，是歲星運行的相反，週期亦剛好是十二年。而術數中的神煞，很多即是根據太歲的位置而定。又如六壬術中的「月將」，原是立春節氣後太陽躔娵訾之次而稱作「登明亥將」，至宋代，因歲差的關係，要到雨水節氣後太陽才躔娵訾之次，當時沈括提出了修正，但明清時六壬術中「月將」仍然沿用宋代沈括修正的起法沒有再修正。

由於以真實星象周期的推步術是非常繁複，而且古代星象推步術本身亦有不少誤差，大多數術數除依曆書保留了太陽（節氣）、太陰（月相）的簡單宮次計算外，漸漸形成根據干支、日月等的各自起例，以起出其他具有不同含義的眾多假想星象及神煞系統。唐宋以後，我國絕大部分術數都主要沿用這一系統，也出現了不少完全脫離真實星象的術數，如《子平術》、《紫微斗數》、《鐵版神數》等。後來就連一些利用真實星辰位置的術數，如《七政四餘術》及選擇法中的《天星選擇》，也已與假想星象及神煞混合而使用了。

隨着古代外國曆（推步）、術數的傳入，如唐代傳入的印度曆法及術數，元代傳入的回回曆等，其中我國占星術便吸收了印度占星術中羅睺星、計都星等而形成四餘星，又通過阿拉伯占星術而吸收了其中來自希臘、巴比倫占星術的黃道十二宮、四大（四元素）學說（地、水、火、風），並與我國傳統的二十八宿、五行說、神煞系統並存而形成《七政四餘術》。此外，一些術數中的北斗星名，不用我國傳統的星名：天樞、天璇、天璣、天權、玉衡、開陽、搖光，而是使用來自印度梵文所譯的：貪狼、巨門、祿存、文曲，廉貞、武曲、破軍等，此明顯是受到唐代從印度傳入的曆法及占星術所影響。如星命術中的《紫微斗數》及堪輿術中的《撼龍經》等文獻中，其星皆用印度譯名。及至清初《時憲曆》，置閏之法則改用西法「定氣」。清代以後的術數，又作過不少的調整。

此外，我國相術中的面相術、手相術，唐宋之際受印度相術影響頗大，至民國初年，又通過翻譯歐西、日本的相術書籍而大量吸收歐西相術的內容，形成了現代我國坊間流行的新式相術。

陰陽學——術數在古代、官方管理及外國的影響

術數在古代社會中一直扮演着一個非常重要的角色，影響層面不單只是某一階層、某一職業、某一年齡的人，而是上自帝王，下至普通百姓，從出生到死亡，不論是生活上的小事如洗髮、出行等，大事如建房、入伙、出兵等，從個人、家族以至國家，從天文、氣象、地理到人事、軍事，從民俗、學術到宗教，都離不開術數的應用。我國最晚在唐代開始，已把以上術數之學，稱作陰陽（學），行術數者稱陰陽人。（敦煌文書、斯四三二七唐《師師漫語話》：「以下說陰陽人謾語話」，此說法後來傳入日本，今日本人稱行術數者為「陰陽師」）。一直到了清末，欽天監中負責陰陽術數的官員中，以及民間術數之士，仍名陰陽生。

古代政府的中欽天監（司天監），除了負責天文、曆法、輿地之外，亦精通其他如星占、選擇、堪輿等術數，除在皇室人員及朝庭中應用外，也定期頒行日書、修定術數，使民間對於天文、日曆用事吉凶及使用其他術數時，有所依從。

我國古代政府對官方及民間陰陽學及陰陽官員，從其內容、人員的選拔、培訓、認證、考核、律法監管等，都有制度。至明清兩代，其制度更為完善、嚴格。

宋代官學之中，課程中已有陰陽學及其考試的內容。（宋徽宗崇寧三年〔一一零四年〕崇寧算學令：「諸學生習……並曆算、三式、天文書。」「諸試……三式即射覆及預占三日陰陽風雨。天文即預

定一月或一季分野災祥，並以依經備草合問為通。」

金代司天臺，從民間「草澤人」（即民間習術數人士）考試選拔：「其試之制，以《宣明曆》試推步，及《婚書》、《地理新書》試合婚、安葬，並《易》筮法，六壬課、三命、五星之術。」（《金史》卷五十一・志第三十二・選舉一）

元代為進一步加強官方陰陽學對民間的影響、管理、控制及培育，除沿襲宋代、金代在司天監掌管陰陽學及中央的官學陰陽學課程之外，更在地方上增設陰陽學課程（《元史・選舉志一》：「世祖至元二十八年夏六月始置諸路陰陽學。」）地方上也設陰陽學教授員，培育及管轄地方陰陽人。（《元史・選舉志一》：「（元仁宗）延祐初，令陰陽人依儒醫例，於路、府、州設教授員，凡陰陽人皆管轄之，而上屬於太史焉。」）自此，民間的陰陽術士（陰陽人），被納入官方的管轄之下。

至明清兩代，陰陽學制度更為完善。中央欽天監掌管陰陽學，明代地方縣設陰陽學正術，各州設陰陽學典術，各縣設陰陽學訓術。陰陽人從地方陰陽學肄業或被選拔出來後，再送到欽天監考試。（《大明會典》卷二二三：「凡天下府州縣舉到陰陽人堪任正術等官者，俱從吏部送（欽天監），考中，送回選用；不中者發回原籍為民，原保官吏治罪。」）清代大致沿用明制，凡陰陽術數之流，悉歸中央欽天監及地方陰陽官員管理、培訓、認證。至今尚有「紹興府陰陽印」、「東光縣陰陽學記」等明代銅印，及某某縣某某之清代陰陽執照等傳世。

清代欽天監漏刻科對官員要求甚為嚴格。《大清會典》「國子監」規定：「凡算學之教，設肄業生。滿洲十有二人，蒙古、漢軍各六人，於各旗官學內考取。漢十有二人，於舉人、貢監生童內考取。附學生二十四人，由欽天監選送。教以天文演算法諸書，五年學業有成，舉人引見以欽天監博士用，貢監生童以天文生補用。」學生在官學肄業、貢監生肄業或考得舉人後，經過了五年對天文、算法、陰陽學的學習，其中精通陰陽術數者，會送往漏刻科。而在欽天監供職的官員，《大清會典則例》「欽天監」規定：「本監官生三年考核一次，術業精通者，保題升用。不及者，停其升轉，再加學習。如能黽勉供職，即予開復。仍不及者，降職一等，再令學習三年，能習熟者，准予開復，仍不能者，黜退。」除定期考核以定其升用降職外，《大清律例》中對陰陽術士不準確的推斷（妄言禍福）是要治罪的。《大清律例・一七八・術七・妄言禍福》：「凡陰陽術士，不許於大小文武官員之家妄言禍福，違者杖一百。其依經推算星命卜課，不在禁限。」大小文武官員延請的陰陽術士，自然是以欽天監漏刻科官員或地方陰陽官員為主。

官方陰陽學制度也影響鄰國如朝鮮、日本、越南等地，一直到了民國時期，鄰國仍然沿用着我國的多種術數。而我國的漢族術數，在古代甚至影響遍及西夏、突厥、吐蕃、阿拉伯、印度、東南亞諸國。

術數研究

術數在我國古代社會雖然影響深遠，「是傳統中國理念中的一門科學，從傳統的陰陽、五行、九宮、八卦、河圖、洛書等觀念作大自然的研究。……傳統中國的天文學、數學、煉丹術等，要到上世紀中葉始受世界學者肯定。可是，術數還未受到應得的注意。術數在傳統中國科技史、思想史，文化史、社會史，甚至軍事史都有一定的影響。……更進一步了解術數，我們將更能了解中國歷史的全貌。」（何丙郁《術數、天文與醫學中國科技史的新視野》，香港城市大學中國文化中心。）

可是術數至今一直不受正統學界所重視，加上術家藏秘自珍，又揚言天機不可洩漏，「（術數）乃吾國科學與哲學融貫而成一種學說，數千年來傳衍嬗變，或隱或現，全賴一二有心人為之繼續維繫，賴以不絕，其中確有學術上研究之價值，非徒癡人說夢，荒誕不經之謂也。其所以至今不能在科學中成立一種地位者，實有數因。蓋古代士大夫階級目醫卜星相為九流之學，多恥道之；而發明諸大師又故為惝恍迷離之辭，以待後人探索；間有一二賢者有所發明，亦秘莫如深，既恐洩天地之秘，復恐譏為旁門左道，始終不肯公開研究，成立一有系統說明之書籍，貽之後世。故居今日而欲研究此種學術，實一極困難之事。」（民國徐樂吾《子平真詮評註》，方重審序）

現存的術數古籍，除極少數是唐、宋、元的版本外，絕大多數是明、清兩代的版本。其內容也主要是明、清兩代流行的術數，唐宋或以前的術數及其書籍，大部分均已失傳，只能從史料記載、出土文獻、敦煌遺書中稍窺一鱗半爪。

術數版本

坊間術數古籍版本，大多是晚清書坊之翻刻本及民國書賈之重排本，其中豕亥魚魯，或任意增刪，往往文意全非，以至不能卒讀。現今不論是術數愛好者，還是民俗、史學、社會、文化、版本等學術研究者，要想得一常見術數書籍的善本、原版，已經非常困難，更遑論如稿本、鈔本、孤本等珍稀版本。在文獻不足及缺乏善本的情況下，要想對術數的源流、理法、及其影響，作全面深入的研究，幾不可能。

有見及此，本叢刊編校小組經多年努力及多方協助，在海內外搜羅了二十世紀六十年代以前漢文為主的術數類善本、珍本、鈔本、孤本、稿本、批校本等數百種，精選出其中最佳版本，分別輯入兩個系列：

一、心一堂術數古籍珍本叢刊

二、心一堂術數古籍整理叢刊

前者以最新數碼（數位）技術清理、修復珍本原本的版面，更正明顯的錯訛，部分善本更以原色彩色精印，務求更勝原本。并以每百多種珍本、一百二十冊為一輯，分輯出版，以饗讀者。

後者延請、稿約有關專家、學者，以善本、珍本等作底本，參以其他版本，古籍進行審定、校勘、注釋，務求打造一最善版本，方便現代人閱讀、理解、研究等之用。

限於編校小組的水平，版本選擇及考證、文字修正、提要內容等方面，恐有疏漏及舛誤之處，懇請方家不吝指正。

心一堂術數古籍珍本／整理叢刊編校小組

二零零九年七月序

二零一四年九月第三次修訂

《地理辨正集註》附《六法金鎖秘》《巒頭指迷真詮》《作法雜綴》等 提要

《地理辨正集註》十卷附《六法金鎖秘》《巒頭指迷真詮》《作法雜綴》等，尋緣居士著。清光緒年間活字刊本，虛白廬藏本。

尋緣居士，本姓樂氏，名號不傳。楚北富川人（今湖北陽新）。道光二十八年（一八四八）於福建泉州，得眉山、紫霞二道人傳授三元九氣秘訣，自此行歷閩粵湘楚鄂各省，活動於道咸同光年間，留有甚多作法鈐記。傳子金龍、金鳳，孫殷長，及門徒二十二人。

因清初蔣大鴻（一六一六——一六八九）輯刻《地理辨正》以來，猜測破解蔣法之著，眾說紛紜，莫衷一是。尋緣居士廣搜各家註疏，共得一百零八種，多見與蔣註相反，乃取確能與蔣註互相發明者，逐一校正，彙集一編。初稿始成六卷，再又增補巒頭精義，擴至十卷，以具形理兼察之妙。用功之勤，前後歷時三十餘載。據卷十例案，下限於光緒十年（一八八四），全書則當於此際定稿，部帙之鉅，為《地理辨正》註中之冠。

卷一：輯入《青囊經》、《青囊解義》，首錄蔣公《傳註》，次錄姚銘三《再辨》（書中未予註明），三錄章仲山《直解》，末錄尹一勺《補義》，以此四家為主。間有附言己見，其中亦錄有其師終南道人之註。中卷末附《四垣分野》。四家註中，尹氏《解義》最早，序於嘉慶九年（一八零四）。姚氏《再辨》繼之，初刊於嘉慶十七年（一八一二）。而章氏《直解》稍遲，署時道光元年（一八二一）。編者引錄各註之時，排序不依刊刻先後，顯然是有推重姚章二氏，而以尹氏作補之意了。

卷二：輯入《天元五歌》五篇，單錄章仲山之〈闡義〉。其中選擇篇末亦另錄詳註，及附《天星造命歌》、《楊公太陽歌》、《陰陽星氣真旨》、《造命約言》、《天星造命指南》、孫廷南《五星擇日論》、孫竹田《天星評語》等擇尅資料。末後錄有《傳道誓章》、尹一勺《天元全義說》、《太極篇》、《先後天八卦解義》、《後天論》、《龍法辨》、《真穴辨》、《陽宅辨》、《平洋千金訣》、《黃白二氣說》及附圖、《玄關秘語》等相關資料。

卷三：輯入《青囊序》蔣姚章尹四家之註，《青囊奧語》姜姚章尹四家之註，末附巒頭名著之雪庵師

《字字經》。

卷四：輯入《天玉經》內傳上中下卷，亦以蔣姚章尹四家之註為主，間附《江東三卦解義》，及無常派《北斗打劫歌》，揭示「消五配十」之秘訣，最為珍稀。末附巒頭著述之《山洋行度心法秘旨》、《結穴方位》。

卷五：輯入《都天寶照經》上中下篇，仍以蔣姜姚章尹五家之註為主，其於上篇錄有姚銘三《習地來源》、《楊公水龍經》、沈六圃《點穴秘訣》、《平洋認龍點穴訣》，及尹一勺《下卦挨星四十八局》，以作補充。

卷六：輯入蔣公《平沙玉尺辨偽》、姜氏《平沙玉尺辨偽總括歌》。末附尹一勺《青囊交媾用法》、《陰陽交媾直指》、《救貧說》，及巒頭論述之《崑崙來脈考證》、《牧堂穴賦》、《論龍十要》等，並錄何令通《靈城精義形氣章註》、《元運通考》、《認龍秘竅》、《天元餘義》、《挨星圖訣》、《老度新度辨疑》、《三元偽法》、《形理總論》等相關資料。

卷七：輯入劉杰《地理小補》之《六法金鎖秘》為主，後附《地理原述》、《地理形勢本原論》、《或問》、《地理戒律二十則》、《形勢理氣合用總賦》、《詳辨諸家挨星》、《選擇論》、《房分辨謬》、《挨星水法歌訣》、《玄空拾遺》、《五行發用》、《七政指要》、《文星發明》、《魁星發明》等形法擇資料。於此足見，編者於蔣公諸篇理氣之外，特重「六法」。查劉杰《地理小補》初刊於同治八年（一八六九）之後，湘楚風行，與尋緣居士同代而略早，後出之著，輯入前法，亦理所當然了。

卷八：輯入吳景鸞《望龍經》，並附解讀、廖金精《釵鉗兩穴真結脈語》（《集註金丹》），及《地學提要》等巒頭著述，其中指出「乘金、相水、穴土、印木」作法，以補理氣各篇之所未言，更為畫龍點睛。

卷九、卷十：輯入《指迷真詮》巒頭秘本，詳論龍穴砂水、《葬法》十五種、《覓穴要訣》、《金井布氣》、《四科秘語》、《課地驗法》、《正變砂格》、《五星法碼》、《鐵案選要》、《十三案式》、《五煞解義》、《點穴秘訣》、《龍家三劫》等資料。後附《作法雜綴》，皆為編者親點之已下未下福地鈐記，足跡遍堪閩粵湘楚鄂各省，二宅例案，彌足珍貴。

此刊本傳世極少，除錢士青於《錢氏所藏堪輿書提要》中略有介紹之外，幾已不為世人所知。為令此稀見刊本不致湮沒，特將原稿以最新技術修復，十卷鴻篇，分訂五冊，公諸於世，一以作術數資料保存，一以供同道中人參考研究。

地理辨正集註目錄

卷七

卷八

卷十

是書原稿六卷體少而用獨多者因巒頭一書前人已明言之後人無庸再贅矣友人見而哂曰子但於理氣之所可緩者則詳辨其非以正其是盍不於巒頭之所宜急者而悉正其僞以辨其眞乃爲集註全璧茲於鳩工之日廣搜各家精義孰僞孰眞隨搜隨刋前後共爲十叅卷中不無失次之處閱者正之可也

叅定名目暨及門姓氏列後

楚北富川尋緣居士著

蜀西眉山省悟道人鑒

男金龍聞韶仝校

金鳳岐山仝校

孫殷長國泰錄

江右新邑周國琳

長沙益陽葛寶庚

長沙湘鄉劉寶輪

江右高安王日升

江右南豐徐日致

長沙湘鄉劉寶珊

江右樂邑汪正國

長沙益陽方渠成

綿州府城李梅先
山東濟南韋雲程
九江彭澤高子俊
福建汀州王質古
常州陽湖陳道純
德化府城李郁文
豐城北鄉王郁文

保定淸苑張翼修
浙西歸安李定榮
光州固始蔡上達
廣東潮州吳定祥
鄂東嘉魚衛固安
南昌省垣陶貲生
武昌東鄉鄧海門

地理辨正集註卷一

楚北富川尋緣居士著
蜀西茮山省悟道人鑒
男金龍樂聞韶校
及門姓氏列前

青囊經上卷

古文作堪輿篇郭氏作氣感篇邱氏作理原論今具削之

經曰天尊地卑陽奇陰耦一六共宗二七同道三八爲朋四九爲友五十同途闔闢奇耦五兆生成流行終始

此言開闢之道

八體宏布子母分施天地定位山澤通氣雷風相薄水火不相射中五立極臨制四方背一向九三七居旁二八四六縱橫紀綱陽以相陰陰以含陽陽生於陰柔生於剛陰德宏濟陽德順昌是故陽本陰陰育陽天依形地附氣此之謂化始

此卷大旨皆言開闢之法須分三節界限天尊地卑至流行終始止爲首節此節發明玄空雌雄配偶之源八體宏佈至縱橫紀綱止爲二節此節指明玄空之法陰以相陽至化始止爲三節此節指明雌雄之理尚能明此玄空之理思過半矣

無形為天地之始

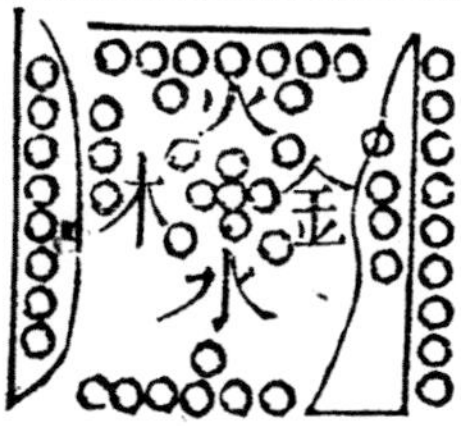

河圖一六
二七三八
四九五十

火 金 木 水

傳曰此篇以無形之氣為天地之始而推原道之所從來也夫陽氣屬天而實兆於地之中聖人作易以明天地之道皆言陰陽之互為其根者而已天高而尊地下而卑然尊者有下濟之德卑者有上行之義一陰一陽一奇一耦其數參伍所以齊一其形對待所以往來天地之匡廓由此而成四時之代謝由此而運萬物之化育由此而胚夫此陰陽奇耦之道隨舉一物無不有之天地無心聖人無意自然流露而顯其象於河圖遂有一六共宗二七同道三八為朋四九為友五十同途之象聖人因其象而求其義以

合洛書一九二八三七四六對待之圖

一三五七九爲天數二四六八十爲地數天數二十有五地數

奇者屬陽而有天一天三天五天七天九之名以耦者屬陰而有地二地四地六地八地十之名而有一必有二有三必有四有五必有六有七必有八有九必有十所謂參伍之數也此一彼二此三彼四此五彼六此七彼八此九彼十所謂對待之形也天數與地數各得其五此謂一成之數而百千萬億無窮之數由此而推也天數地數各得其五合二五而成十蓋有五即有十猶有一即有二陰陽自然之道也故有天之一即有地之六有地之二即有天之七有天之三即有地之八有地之四即有天之九有天之五

三十天地之數五十有五此所以成變化而行終始也

河圖五位

卽有地之十此陰陽之數以參伍而齊一者也易曰五位相得葢謂此也而一六在下則二七必在上三八在左則四九必在右五居中則十亦居中此陰陽之數對待而往來者也易曰五位相得而各有合葢謂此也以其參伍而齊一故一奇一耦燦然而不棼以其對待而往來故奇耦之間一闔一闢潛然而自應此生成之所從出也天一生水而地六成之地二生火而天七成之天三生木而地八成之地四生金而天九成之天五生土而地十成之一生一成皆陰陽交媾之妙二氣相交而五行兆焉降於九天之上

相得圖

少陽 ⚊

太陰 ⚋

☯ ⚏

太陽 ⚌

少陰 ⚍

升於九地之下周流六虛無有休息始而終終而復始無一息不流行則無一息不交媾當其無而其體渾然已成當其有而其體秩然有象聖人因河圖之象數而卦體立焉夫河圖止有四象而卦成八體者何也蓋一畫成爻爻者交也太始之氣止有一陽〇是名太陽⚊太陽一交而成太陰⚋是曰兩儀太陰太陽再交而成少陰⚍少陽⚎并太陰⚏太陽⚌是曰四象此河圖之顯象也四象三爻而成八卦☰曰乾☰曰兌☱曰離☲曰震☳曰巽☴曰坎☵曰艮☶曰坤蓋即河圖每方二數析之則有八此河圖之象

乾 ☰
兌 ☱
離 ☲
震 ☳
巽 ☴
坎 ☵
艮 ☶
坤 ☷

隱而顯者也故卦之八由於四象爻之三由於二爻乾坤二卦爲母六卦爲子此八卦之子母也諸卦自爲母三爻爲子此一卦之子母也以此分施造化布滿宇宙之間於是舉陽之乾爲天對以陰之坤爲地謂之天地定位天覆於上則地載於下也此陰陽之一交而成天地者也舉陽之艮爲山對以陰之兌爲澤謂之山澤通氣山載於下則澤受於上也舉陽之震爲雷對以陰之巽爲風謂之雷風相薄雷發於下則風動於上也舉陽之坎爲水對以陰之離爲火謂之水火不相射水火平衡形常相隔而情常相親也

乾一兌二
離三震四
巽五坎六
艮七坤八
先天八卦
方位次序
圖

☴ ☵ ☶
五 六 七
一☰ ☷八

此三陰三陽之各自為交而生萬物者也先賢以此為先天之卦伏羲所定本於龍馬負圖而作實則混沌初分天地開闢之象也四象虛中而成五位此中五者即四象之交氣乾之眞陽坤之眞陰皆無形而惟土有形此土之下為黃泉皆坤地積陰之氣此土之上為清虛皆乾天積陽之氣而土膚之際平鋪如掌乃至陰至陽乾坤交媾之處水火風雷山澤諸凡天地之化機皆露於此故中五者八卦託體儲精成形顯用之所也故河圖洛書同此中五以立極也河圖雖有四象而先天陽升陰降上下初分未可謂之

二 ☱

三 ☷

四 ☳

四方自中五立極而後四極劃然各正其方矣有四方之正位而四維介於其間於是八方立焉統中五皇極而爲九分而布之一起正北二居西南三居正東四居東南五復居中六居西北七居正西八居東北九居正南謂之九疇此雖出於洛書而實與河圖之數符合天地之理自然發現無不同也布其位曰戴九履一左三右七二四爲肩六八爲足其八方之位適與八方之數均齊聖人卽以八卦隸之而求其序曰坎一坤二震三巽四中五乾六兌七艮八離九此則四正四維不易之定位也數雖起一而用實首

震蓋成位之後少陽用事先天主天而後天主日元子繼體代父爲政也易曰帝出乎震齊乎巽相見乎離致役乎坤說言乎兌戰乎乾勞乎坎成言乎艮一二三四五六七八九者古今之禪代推移周而復始者也震巽離坤兌乾坎艮者日月之出沒四時之氣機運行遷謝循環無端者也先賢以此爲後天之卦昔者大禹治水神龜出雒文王因之作後天之卦豈伏羲畫卦之時未有雒書而大禹演疇之時未有後天卦位耶竊以爲圖書必出於一時而先天後天卦位亦定於一日伏羲但有卦爻而文王始繫之辭耳

洛書

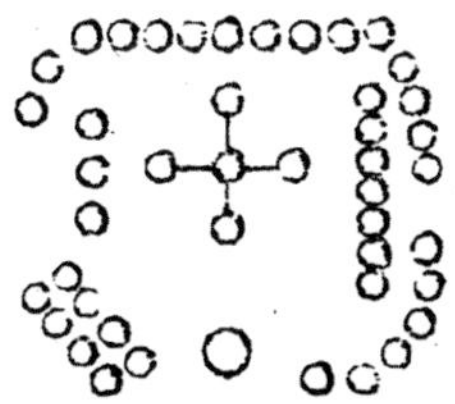

後天八卦方位

坎一　坤二

震三　巽四

中五　乾六

河圖雒書非有二數先天後天非有二義也特先天之卦以陰陽之對待者言有彼此而無方隅後天之卦以陰陽之流行者言則有方隅矣至其作卦之旨要在於陰陽之互根則一也夫易之道貴陽賤陰則陽當爲主而陰當爲輔而此云陽以相陰者何也葢陽之妙不在於陽而在於陰陰中之陽乃眞陽也故陰爲之感而陽來應之似乎陰反爲君而陽反爲相此經言神明之旨也然陽之所以來應乎陰者以陰中本自有之以類相從故來應耳豈非陰含陽乎陰含陽則能生陽矣一則發生之氣皆陽司之則皆陰

兌七艮八離九一二三四五六七八九始而終終而始循環無端者也

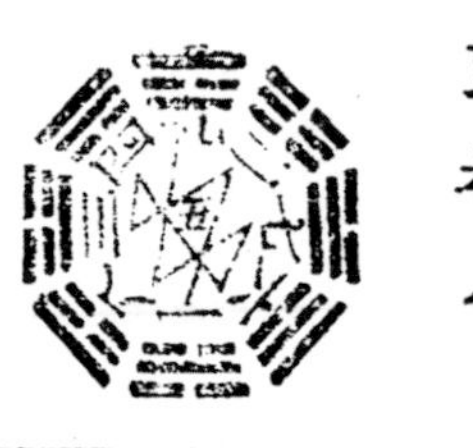

出之者也剛柔卽陰陽陰陽以氣言剛柔以質言易曰乾剛坤柔又曰剛柔相摩八卦相盪八卦之中皆有陰陽則皆有剛柔若以陽爲剛以陰爲柔則宜乎剛生於柔矣而乃云柔生於剛者何也無形之氣陽剛而陰柔有形之質陰剛而陽柔於有形之剛質又生無形之柔氣質生氣氣還生質故曰柔生於剛也凡其所以能爲相助能爲包含生生不息如是者則以陰之與陽蓋自有其德也惟陰之德能宏大夫陽以濟陽之施故陽之德能親順夫陰以昌陰之化此陰陽之妙以氣相感見於河圖雒書先後天之卦象

者如是由是則可以知天地之道矣天地之道陽常本於陰而陰常能育陽故天非廓然空虛者爲天也其氣常依於有形而無時不下濟地非塊然不動者爲地也其形常附於元氣而無時不上升然則天之氣常在地中而地之氣皆天之氣陰陽雖曰二氣止一氣耳所以生天生地者此氣所以生萬物者此氣故曰化始也

此篇申明河圖洛書先天後天八卦陰陽奇耦自然之理而推原太始無形之氣始於一陽有一陽方有兩儀有兩儀自有四象八卦陰陽奇耦有無形而後

有有形有有形而后知無形之氣消與長也於是乃知天非廓然者爲天也其氣常依於有形而無時不下濟地非塊然不動者爲地也其形常附氣而上升所以生天地所以生萬物皆由此氣故曰化始

推原太始之初一氣無形水火煎烹乃有形象有象原囿於無象無形託體於有形此天地所由分也天地既分乃有清濁清者自升自尊濁者自降自卑清兆於濁濁寓於清清清濁濁升升沉沉天地由此而位四時由此而行萬物由此而育莫不本於無形之氣而無形之氣即寄於有形之質所謂一陰一陽之

道也夫天地之道一生一成而已有所生則必有所成若生而無成而與不生同有所成則必有所生若成而無生而與不成同故無生則不能成無成則不能生有生則物物皆成以生繼成則成成不已有成則物物皆生以成繼生則生生不已此清升濁降而五行兆焉於是以陽之奇而配以陰之耦天地無心自然顯露於其象所以河圖之數其形對待參伍而齊於一也一六共宗在下則二七同道必在於上三八爲朋在左則四九爲友必在於右五十同途居之於中奇耦各五二五合十以奇屬陽名天以耦屬陰

名地天地之數兩均奇耦由於參伍也五位相得而各有合故對待往來自應奇耦之間一闔一闢而齊於一也此一氣周流無終始無休息其本無而自生其本無而自成以天地有生成之造化也聖人因河圖之象合之每方二數析之乃分八卦溯鴻濛未判之先惟坎離水火之氣情常相親而不相射震巽兌艮清濁之氣一升一降其位乎天者爲乾其位乎地者爲坤六子從此而出變化無窮所以乾坤爲六卦之母諸卦爻象自爲母子虛中成位各自爲交分施造化資生資始此乾陽有司運之機坤陰有發生之

質陰陽一交天地之運乃定也以陽之震對陰之巽木動風生而雷發聲於下也以陽之艮對陰之兌雲興於山澤霈其上上行而下受也以陽之坎對陰之離水火有功施既濟也中五立極發育萬物故清升陰積濁降於下陽虛其上一升一降交會在中天五生土地十成之土居中央化機出焉所以乾坤水火風雷山澤諸凡天地之化機皆其所儲精以顯用也由是中五立而八方定四維界而卦體立矣則乾居於南坤奠於北離位於東坎列於西天一生水老陰變少男少男戀老母兩情相依艮棲西北而地六成

之地二生火生火乃木木傍水生巽位西南而天七成之天三生木木火通明其情自洽震位東北而地八成之地四生金老陽愛少女之堅貞少女感之以此相親兌倚東南而天九成之二氣相交陰陽自有鍾情之妙也其曰戴九履一左三右七二四居上六八在下蓋因九疇以皇極統中分佈其位合河圖之數其數與方均齊天一生水以一而起於正北也故序次曰坎一坤二震三巽四中五乾六兌七艮八離九四正四維一定之位聖人隸後天八卦符合洛書各成其位爲天主宰相承替化終始循環少陽主日

代天爲政日往月來運化不息乃有春榮夏盛秋實冬蟄之遷謝也光華無微不至萬物無處不生所以清陽之天其機儲精藏陽陰中有陽故曰陰以含陽陰中既有其陽剛中自有其柔其陰爲剛氣其陽爲柔氣於是質生於氣氣還生質故曰柔生於剛也其陰之德實能濟陽之施其陽之德又能昌陰之化陽本於陰陰以陽應陰能育陽陽以陰感天地之道分而爲二爲陰陽爲對待合而爲一爲一體爲交媾其地不動而天動天動而地亦因之而動無形常依於有形有形原囿於無形其一氣化象於天地而天地

始成於一氣也

一勺子曰青囊秘妙無過看雌雄之一法此篇是直指看雌雄之法蔣氏曰獨此一法不肯筆之於書先賢口口相傳間世一出今觀青囊上卷一篇則見其句句有一雌雄者在也及讀蔣氏補傳文處處有一雌雄者在也乃知秘訣不出文字外讀古人書當細心思索不爲古人所瞞以自得於語言氣味之表可耳經曰天尊地卑尊者雄卑者雌一天一地兩大雌雄也日陽奇陰耦奇者雄耦者雌一陰一陽兩大雌雄也一六共宗二七同道三八爲朋四九爲友五十

同途一三五七九雄也二四六八十雌也是河洛之大雌大雄也闔闢奇耦五兆生成蓋闔戶坤闢戶乾天一生地六成因有闔闢自有五兆因有奇耦自有生成流行終始八體宏布子母分施乃天地之運行八卦之功用祖宗父母兄弟子息戚隣怨仇一家十四一家十個是地下之大雌大雄也曰天地定位山澤通氣雷風相薄水火不相射一對一待是八卦之大雌大雄也曰中五立極臨制四方背一面九三七居旁二八四六縱橫紀綱一參一伍是十數之大雌大雄也曰陽以相陰陰以含陽言天主施地主受地

無吉凶以天之施爲吉凶然天施之吉凶天亦不能自主實因地受之吉凶以爲吉凶此句以下是示人知天知地下手取用之大雌雄也曰陽生於陰言雄自雌生九天之氣出自重淵之下柔生於剛言雌自雄生重陰之氣降於九天之上陰德宏濟言雌得雄而後有宏濟之力陽德順昌言雄會雌而後成順昌之功陰本陽雄之氣本乎雌陽育陰雌之氣育於陽天依形言雄依雌形以立也地附氣言雌附雄氣以行也此之謂化始言天之始所以爲天地之始所以爲地人之始所以爲人物之始所以爲物無一非此

一雌一雄相摩相盪以變變化化焉

又曰楊曾看雌雄看得透所以用雌雄用得眞今人要用雌雄用得眞還須要看雄雌看得透其看之之法黃石公赤松子已大書特書矣蔣中陽子又從而婉轉咏嘆之今此直將雌雄逐箇指出是所謂我代中陽行普度一言萬古鑿鴻濛神呵鬼責甘心受造福生民在掌中云

青囊經上卷補註　論五行形象

形象者氣之積也理不可見而氣可見氣不可見而象可見列宿在天成象山川在地成形此天氣也仰觀於

上日月星雲此天象也得木氣者象青得火氣者象赤
得土氣者象黃得金氣者象白得水氣者象黑俯察於
下山原水土此地形也得木氣者形直得火氣者形尖
得土氣者形方得金氣者形圓得水氣者形曲是故天
有五星地有五行天星地形上下相因古之聖人因象
辨方因方定位因位相形因形審氣因氣明理探鬼神
之秘操禍福之柄察識山川以立人極故化始不可以
不講也

象者指日月星辰而言而三垣九野廿八宿寓矣方
者指東西南北而言而八卦廿四山寓矣位者指木

火土金水而言而六十分金寓矣形者指直尖方圓曲而言而人物動潛飛植寓矣氣者指陰陽老少而言而生旺休四升降消長寓矣理者指生尅制化而言而天道人情世態物理寓矣此皆青囊之秘旨也亦青囊之提訣也學者舍此而言理氣猶之斷航絕流而欲入海也

天尊地卑至流行終始註　　終南道人

天地之道始於無形無形何則有氣在焉其氣何測有理在焉其理何測有數在焉其數何測有象在焉其象何測有法在焉古聖作易以法天地之道以明

陰陽之理所以河出圖洛出書以照象數之跡故理明而數立數立而象懸象懸而法齊法齊而理彰理彰而萬物乃定是陰陽爲萬物之準繩皆有一理一法以處之豈地理一道而可外乎且地理一道亦具三才理原一貫法無二門奚容立說紛紛各持已見以爭訝哉故此篇首明理法之源以開萬世之昧天地者陰陽也尊卑者陰陽之序也陰陽者理也奇耦者數也陰陽之理有對待藉奇耦參伍之數故天一地二天三地四天五地六天七地八天九地十似兄弟相得而對待之陰陽之理有交合藉奇耦生成之

數故一六共宗二七同道三八爲朋四九爲友五十同途似夫婦配耦而交合之然對待之理其數在參伍則有闔闢之體焉交合之理其數在生成則有五行之兆焉自闔闢之體立則奇偶之數均尊卑之序不混天地之道大彰自五行之兆成則生成之數具天地之機自萌陰陽之氣相感序不混則倫常不乖道大彰則綱紀永賴機自萌則造化叠出氣相感則終始流行倫常不乖則尊卑之序萬世照明綱紀永賴則天地之道終古復週造化叠出則天地之機無有窮止終始流行則陰陽之氣無有休息知此而元

空雌雄之理法即寓於化始也

八體宏佈至縱橫紀綱註

八體即天地山澤雷風水火八卦分配之體也宏佈者宏佈八方之化也子母亦天地山澤雷風水火之序也分施者分施三路之間也此乃先天卦位本於河圖之數而作也而一九三七二八四六縱橫十五綱紀不雜即洛書之數也古聖以一坎二坤三震四巽五中六乾七兌八艮九離隸之乃後天卦位本洛書之數而定也中五者河洛皆以五居中而立極也極者極也即陰陽八卦五行之根也自中五立極而

四方乃可臨制也四方臨制乃有四維界限八方立焉八體佈焉子母施焉陰陽八卦之交感會焉生成五行之化機萌焉元空之根源從此而立也所謂元空者至元至妙至空至極大而宇宙之間生成佈滿小而微忽之地造化無窮合學庸大道一理相貫當其無形之氣其氣混然已成當其有形之體其體秩然有象天地之氣無一息不流行陰陽之體無一息不交媾有尊卑陰陽闔闢之象有剛柔老少子母次序之列其法自天地定位而後陰陽迭更奇耦錯綜二五妙合抽出日月以歸本位然後風雷水火山澤

升降往來於兩大之間其中中五立極臨制四方洛書一九三七二八四六縱橫十五之位形變氣化無有極極乃為真元空學者會此真寶始知其味無窮也

陽以相陰陰以合陽至此之謂化始註

氣之行於天者陰陽也質之具於地者剛柔也陰陽剛柔一也一者何也皆一氣一質之謂也陰陽者無形之氣也必藉剛柔之質而成體剛柔者有形之質也必藉陰陽之氣而成性陽剛陰柔天地之大經也蓋天地之用在於一陰一陽元空之用亦在一陰一

陽陽貴而陰賤陽氣而陰質陽之貴不在陽而在陰陰中之陽乃眞陽也故陽在陰之中陰爲之含陽爲之相非遽論陽定爲陰相所云陽以相陰者原陰中有眞陽之相陰以含陽者原陽在陰中卽陽自陰始陽自陰生乃太極靜而動動而生陽也至陽動則陽司化育之權陽之所司陰以助之故陽貴而陰賤也然地之用在剛柔天之陽貴陰賤地必貴剛而賤柔剛之貴亦不在剛而在柔柔中有剛乃得濟也但剛在柔之中必剛生於柔而反言柔生於剛者何也蓋無形之氣至剛至陽故能發育萬物有形之質至柔

至陰故能覆載萬物無形之氣雖至陽至剛卻無形可見雖剛亦柔矣有形之質雖至陰至柔卻有形可見雖柔亦剛矣是以無形之柔氣常依有形之剛質有形之剛質常附無形之柔氣斯化育生機終始勿極正蔣公所謂質生氣氣還生質故曰柔生於剛也柔生於剛則剛必資乎柔斯剛柔相濟地之質方具天之氣方行而陰陽剛柔之德合矣故陰之德柔順端欽能助乎陽宏濟造化陽之德剛健中正能親乎陰順暢生育由是則天地之道立矣是故天地之道陽常本於陰即天之氣常依地之形而天非廓然之

天也陰常育乎陽卽地之形常附天之氣而地非塊然之地也此所以爲化始之道雌雄之源交姤之理當取象而立法焉所謂雌雄之義者卽對待交姤之情陽剛陰柔之顯象也雌無雄不配雄無雌不交所言雌雄之法者以剛柔成象之質測陰陽交姤之氣以陰陽交姤之氣求剛柔成象之質能明陰陽剛柔交姤之道而雌雄之旨得矣原夫天之用在陰陽而陰自爲陰陽自爲陽陰不可混陽而自含乎陽陽不可混陰而自相乎陰地之用在剛柔而剛自爲剛柔自爲柔剛不可混柔而自得乎柔柔不可混剛而自

生乎剛氣之陽德必得陰以宏濟氣之陰德必得陽以順昌是故觀陽則不必更觀其陰而知必有陰以偶之觀陰則不必更觀其陽而知必有陽以配之天之陰氣必地之柔質以應之天之陽氣必地之剛質以應之而天始有所依地之剛質必天之陽氣以應之地之柔質必天之陰氣以應之而地始有可附此皆釋雌雄之義也所謂尊卑奇耦發雌雄之象八卦子母發雌雄之序雌雄有一定之所無一定之隅須識元空大卦之源陰陽剛柔之道而陰陽可得矣此上皆論天地無形之氣為化始之氣因氣窮理因理

此言動靜
之道

窮數因數窮象因象立法因法彰理所以生天地者
此理此法生萬物者亦此理此法理通一貫法本三
才豈容地理家立說紛紛彼此爭詡者耶

中卷

古文作天官篇邱氏作天元金書符郭氏作神
埶篇今削之

經曰天有五星地有五行天分星宿地列山川氣行於
地形麗於天因形察氣以立人紀紫微天極太乙之御
君臨四正南面而治天市東宮少微西掖太微南垣旁
照四極四七為經五德為緯運斡坤輿垂光乾紀七政

樞機流通終始地德上載天光下臨陰用陽朝陽用陰應陰陽相見福祿永貞陰陽相乘禍咎踵門天之所臨地之所盛形止氣蓄萬物化生氣感而應鬼福及人是故天有象地有形上下相須而成一體此之謂化機

中卷皆言動靜之理須分四節看首節天有五星至以立人紀止爲一節此節總論地理源頭以明雌雄玄空之所以然並起下挨星之本源紫微天極至流通終始止爲二節此節指明挨星用法地德上載至萬物化生止爲三節此節總論元空雌雄挨星合用之妙氣感而應至化機止爲四節此節總敘元空雌

有形爲萬物之母

雄挨星靈應之妙其妙本於天地之一氣而已傳曰此篇以有形之象爲天地之機而指示氣之所從受也上文既明河圖洛書先天後天八卦之理聖人作易之旨盡於此天地陰陽之道亦盡於此矣然聖人不自作易其四象八卦皆仰法於天故此篇專指天象以爲言夫易之八卦取象於地之五行而地有五行實因天有五曜五曜凝精於上而五行流氣於下天之星宿五曜之分光列象者也地之山川五行之成形結撰者也故山川非列宿而常具列宿之形觀其形之所呈即以知其氣之所禀夫有是形御

是氣物化自然初未及乎人事而聖人仰觀俯察人紀從此立焉木爲歳星其方爲東其令爲春其德爲仁火爲熒惑其方爲南其令爲夏其德爲禮土爲鎭星其方爲中央其令在四季其旺爲季夏其德爲信金爲太白其方爲西其令爲秋其德爲義水爲辰星其方爲朔其令爲冬其德爲智洪範九疇所謂敬用五事嚮用五福五紀八政皇極庶徵皆自此出故聖人御世宰物一天地之道也備言天體則有七政以司元化日月五星是也有四垣以鎭四方紫微天市大微少微是也有二十八宿以分布周天蒼龍七宿

角亢氐房心尾箕朱鳥七宿井鬼柳星張翼軫白虎七宿奎婁胃昴畢觜參元武七宿斗牛女虛危室壁是也四垣即四象七政即陰陽五行之根本其樞在北斗而分之四方爲二十八宿故房虛昴星應日心危畢張應月角斗奎井應歲星尾室觜翼應熒惑亢牛婁鬼應太白箕壁參軫應辰星氐女胃柳應鎮星臨制其方各一七政也渾天周匝雖云四方而已備八卦二十四爻之象矣非經無以立極非緯無以嬗化一經一緯眞陰眞陽之交道也交道維絡而後天之體環周而固於外地之體結束而安於中此元氣

之流行自然而成器者也其始無始其終無終包羅六合入於無間雖名陰陽一氣而已人能得此一氣則生者可以善其生而死者可以善其死地理之道蓋人紀之一端此端既立則諸政以次應之故聖人重其事其用在地而必求端於天本其氣之所自來也然氣不可見而形可見不可見之氣即寓於有可見之形形者氣之所成而即以載氣氣發於天而載之者地氣本屬陽而載之者陰故有陰即有陽地得其所則天氣歸之天地無時不交會陰陽無時不相見相見而得其沖和之正則為福德之門相見而不

得其沖和之正即爲相乘而名禍咎之根禍福殊途所爭一間艮足畏也且亦知星宿之所以麗於天山川之所以列於地者乎天之氣無往不在而日得天之陽精而恒爲日月得天之陰精而恒爲月五曜得天五氣之精而恆爲緯至於四垣二十八宿衆星環列又得日月五星之精而恆爲經此則在天之有形者有以載天之氣也地之氣無往不在而山得日月五星之氣而恆爲山川得日月五星之氣而恒爲川此則在地之有形者有以載地之氣也列宿得天之氣而生於天列宿與天爲一體也山川得地之氣而

生於地山川與地爲一體也萬物之生於天地何獨不然夫萬物非能自生借天地之氣以生然天地非有意於生萬物萬物自有地焉適與天地之氣相遇於窅冥恍惚之中夫有所沾濡焉夫有所綢繆焉夫有所苞孕焉遂使天地之氣止而不去積之累之與物爲一乃勃然以生爾地理之道必使我所據之形足以納氣而氣不我去則形與氣交而爲一必使我所據之地足以承天而天不我隔則地與天交而爲一夫天地形氣既合而爲一則所葬之骨亦與天地之氣爲一而死魄生人氣脈灌輪亦無不一福應之

夾若機張𥨊括所謂化機也不然蓄之無門止之無術雖周天列宿炳耀中天而我不蒙其照雖大地陽和滂流八表而我不沾其澤天爲匡廓地爲稿壤骨爲速朽子孫爲寄生我未見其獲福也可不愼哉可不愼哉

中五爲皇極乾爲三德巽爲五紀坎爲五行離爲五福艮爲庶徵坤爲五事震爲八政兌爲稽疑此謂九疇

木星近日則遲遠日則疾火星近日則疾遠日則遲土星平行無遲疾金星水星附日而行此五星之大

一概也天行一日常一周三百六十度日亦一日一周而比天不及一度積三百六十日而與天會月一日常不及天十三度有奇不及日十一度有奇積二十七日而與日會積二十九日而與天會日之行度始於冬至之日終於大雪之末

欽定新尺冬至日躔丑初一度即箕一度是也

此節申言無形之氣不可見惟日月五星有象現於天者可見因可見之象即可測不可見之氣矣天依形地附氣氣生形形生氣形氣相須而生即天地萬物生生化化之氣機

東岳廣乘
山西岳麓
農山南岳
長離山北

天地無私盡其所有而不藏者惟此一氣而已其氣不可見所可見者皆形也列宿星辰凝天之精山川土石成地之質星辰列宿日月之光江河諸山嶽瀆之脈此星宿山川卽天地之氣所御也上下相映氣象萬千氣之所稟物所由化古聖人推原其道三才卓立於斯焉夫天地無偏陰陽齊一皆成於自然也乃若山川動靜之形陰陽流露之機拘於形而不化窒於理而不通何以嶽有廣乘長離麗農廣野之列四方何以崑崙獨居於中何以四瀆分界四隅四瀆者何渤漲青瀚五嶽內峙四瀆滂流海之無中嶽多

岳廣野山中岳崑崙山東爲渤海西爲青海南爲漲海北爲瀚海此五岳四海之本源也見廣輿志

其一若無崑崙而有中海必至嶽少其一豈非天地有所偏陰陽之不齊乎蓋天地陰陽不外配合生化苟無配合生化何以歲星熒惑太白辰星鎮星各正其位乎何以日月五星共秉七政乎至於四宿協應分施造化以應四垣其天市垣繞蒼龍七宿太微垣分朱鳥七宿少微垣匝白虎七宿紫微垣環元武七宿列宿四布臨制其方星宿得天之氣垂象於上山川得地之氣呈形於下二十八宿環外以秉天氣崙水環繞以承地氣天地陰陽乃一氣運化於中也所謂天有九星地有九宮故大禹演疇鑄九鼎分九州

以符合天地之大象也非經則坤母不育非緯則乾父不生天地配合陰陽相得蓋山川具列宿之形象星宿按山川之分野一氣上下往來無終始無休息八荒遍及無微不至地體固中其氣即有所著萬象成形非氣無以成立天氣之流於地者無形可見無形之陽氣即寓於有形之陰質陰以上應其陽陽以下朝於陰陰陽無時不相見陰陽無處不交會所以天覆其上地載於下上下交會萬物化生人得天地之氣或爲君子或爲小人受氣之不同也氣歸於天形沒於地而萬物各歸其原矣是以天地之氣用之

一句子云沖和之氣即九六相配二五交媾也

無盡得此沖和之正其形雖死其氣猶生生者得以善其生死者得以善其死所謂春滿乾坤萬物各得其所其形雖死其氣猶生若無根無本未有不枯者也生者爲寄生死者爲腐骨死生禍福所爭一間何也非物之相乘乃時之相乘也試觀嶽瀆江河諸山聚地之氣上行秉天之象五曜列宿諸星凝天之精下泄成地之形月本無光借日光以爲光月借日光所以有盈有缺其餘星宿交互現象天道法地地道法天天地共此一氣往來若地之形止氣蓄死骨乃能受蔭其福及後人者此山川靈秀之氣所鍾也經

曰陰德宏濟陽德順昌又曰五德爲緯地德上載德惟天地所重人能培之其骸骨亦得天地之氣以栽也上文言天地始成之道此明天地相應之理故曰

化機

一句子曰青囊上乘無過上應天星之法篇中是指示天星用處其大訣失傳已久獨董德彰賴大素得其秘蔣氏曰篇中是指示天星爲言是也其大意總謂天上有五星之氣地下卽有五行之象明乎地下之五行在何宮何位卽知上天之五星應何事何人也天分星宿各經其野地列山川各峙其方明乎地

列之山川居何郡何州即知天分之星宿應何野何分矣五星列宿之氣下行於地即山川五行之精上麗於天者也蓋天地一貫上下一氣豪無間隔楊曾廖賴諸仙師豈有他巧哉不過因地下之形以察上天之氣遂能立入道之紀云在天之四垣北有紫微南有太微東有天市西有少微在地則四垣已無定所太極亦無定位必我所取之垣知在何垣之內我所受之氣知是何垣之氣即以所取之垣為君以臨四方以照四極然後以四七廿八宿為經以五德木火土金水為緯運斡坤輿控制山川也乘光乾紀打

通造化也夫此四垣之運斡卽此五德四七之垂光而五德四七之垂光卽屬七政日月木火土金水之樞機其流其通無終無始隨斗柄所指爲推遷我所下之卦卽天上斗杓之所指我所用之星卽天上五德七政之樞機此卦此星合天地之機而善也則日月五星順軌而爲福此卦此星合天地之機而惡也則日月五星逆伏而爲災地有是德以上載乎天則天有是光以下臨乎地或吉或凶如影隨形不爽毫髮其法盡在識天地之大雌雄陰用陽朝是陽交於陰陽用陰應是陰交於陽夫此一陰一陽相見而得

其乾紀運幹之正則爲福爲祿而永貞相見而得其乾紀運幹之零則爲禍爲咎而踵門且天之所臨天原無福祿以地之所盛爲福祿地之所盛地原無禍咎以天之所臨爲禍咎究之天地俱無福無祿無禍無咎也惟視我所下之卦所用之星爲福祿爲禍咎也我所下之卦天臨之地盛之則形止氣蓄萬物化生矣若地之所盛天之所臨形散氣去則萬物爲鬼矣感應之速蔭人之捷如身對明鏡神照止水天有是象即地有是形人得天氣地形而禍機福機出焉天地人相需而成一體此之謂大化之機

中卷補註大旨

法象莫大乎天地天地之大者莫過乎山川故伏羲畫卦以乾爲天居南坤爲地居北日出乎東以離爲火屬之月生於西以坎爲水屬之山脈起於西北以艮爲山居焉萬水歸於東南以兌爲澤居焉萬物萌動於東北以震爲雷居之衆卉搖落於西南以巽爲風居之所謂對待之體一定而不移者也文王演易以南方屬火係之以離北方屬水係之以坎東方屬木係之以震旣有陽木必有陰木以巽係於東南西方屬金係之以兌旣有陰金必有陽金以乾係於西北土居中央而無正位

艮爲陽土居於東北坤爲陰土寄於西南所謂流行之用萬古而不易也無體不立無用不行先天未始無用風后去義不遠觀於奇門可知後天亦寓有體尼山去文不遠觀易乾坤可知試觀河圖數偶偶有對待之意故以五十居中一六居北二七居南三八居東四九居西對待未始不流行洛書數寄寄有流行之意五土居中戴九履一左三右七二四爲肩六八爲足流行未始不對待此數由象而立非人所能爲也古聖特爲之發其端耳明乎此義則凡酸鹹甘苦辛之味宮商角徵羽之音青黃赤白黑之色皆可預知而況吉凶之兆有不

可以先見者乎業此道者旁觀觸類庶乎可矣

天有五星地有五行至因形察氣以立人紀八句註

天地之機伏於有形之質有形之質即寓無形之氣成象成形皆機動焉古聖畫卦作易仰觀俯察以立三才之道立天之道曰陰與陽立地之道曰柔與剛立人之道曰仁與義陰陽成象剛柔成質仁義成德其道雖分三才其理則本一貫蓋陰陽之氣成於天者天有五氣凝精於上者曰星剛柔之質成於地者地有五氣流結於下者曰行仁義之德成於人者人有五性混合於中者曰常五星之精在天分光列象

而星宿由是周羅五行之質在地成形列體而山川由是佈滿仁義之德在人植紀整綱而秀靈由是鍾毓是故天有是象而地即有是形地有是形而天即有是象人秉天地之形氣所生而人即有斯德有斯德方與天地形氣無虧然地非列宿之象而形常麗乎列宿之上天亦非山川之形而氣常行山川之內人非星宿山川之體而德常配乎天地之間天氣地形兩相交感而人即寓乎形氣交感則山川鍾靈毓秀有不期然而然者矣聖人因形之所呈以察氣之所稟氣稟形呈因形察氣氣也形也合而為一者也

若有是氣而無是形則氣亦爲死氣有是形而無是氣則形亦爲死形形氣感通機萌無已而人紀乃立矣夫地理之道即人紀之一端人生受天之氣依地之形氣有陰陽則形有雌雄氣有來往則形有順逆氣有盛衰則形有生死氣有闔闢則形有尊卑氣有交媾則形有配合氣有促舒則形有壽殀氣有清濁則形有善惡氣有厚薄則形有大小此理既明而地理之道得矣

紫微天極太乙之御君臨四正南面而治天市東宮少微西掖大微南垣旁照四極四七爲經五德爲緯運斡

坤輿垂光乾紀七政樞機流通終始註

紫微垣居於北方天之極也太乙之御也人君之象也南面而治天下至聖所謂居其所而衆星拱之是也臨四正者東有天市西有少微南有大微帶本垣而爲四正以鎮大極四極各居一方東方蒼龍西方白虎南方朱雀北方玄武共爲四象每象帶七宿分野七宿即七政之樞機分佈四方每方各具七政合之爲廿八宿以定天地星宿之經緯經緯雖佈而纏度已備渾天八卦廿四山三百六十五度矣其經星立極而日月五星往來如緯以成元象正蔣公所謂

一經一緯眞陰眞陽之交媾也於是七政流行旋斡坤輿地之體結束而安其中垂光乾紀天之體環周而固於外此七政樞機元氣流通包羅六合原無始終也此挨星之法由是而起也所謂挨星者天之星宿下臨於地地之山川上應於天卽天分星宿地列山川氣形於地形麗於天之謂也然星宿之列象其氣無歸得北極之樞以統之則氣有所歸依自然凝結而不散山川之成形其質無定得九疇之範以率之則質有所定位自然凝聚而不離氣有所歸質有所定質定則氣歸氣歸則質定氣質混合不散不離

即天地交泰陰陽合德者也但北極與九疇相配乃天地陰陽自然之生成北極七曜增左右合而爲九是爲九星混凝於氣者則爲五星九疇九宮虛中五而合爲十混凝於質者則合爲五行五星與五行合濟以成德緯行四七經度之間其中日月往來水火升降光乾運坤一氣上下相接無終始亦無休息八荒遍及無微不至眞揆星也學者味此其妙不可勝言

論四垣

古之聖人仰觀與俯察並行欲明地理須明天象茲將

四垣天象詳畧各詳節錄於左

紫微垣

中天北極有紫微垣爲太乙之常居最尊之星正臨亥地後有四輔四星居壬勾陳六甲六星居乾天罡八星居戌華蓋九星居坎閣道五星居癸咸池五星居丑八穀八星居辰大將軍四星居寅丙陛六星居申司命六貴人居震三師三星在乙大理四星居辰五諸侯五星居巽內厨二星居巳四貴人四星居丙帝座二星居午大理二星居丁天倉三星居未女床三星居坤天倍五星居申陽德陰德二星居庚內屏二星居兌天乙柱史

女史三星居辛而左輔七相右衛七將以藩屏帝室大陛六符以輔治北斗七政其星拱翌紫微垣其氣行於地實爲上吉之壤地法以亥爲正垣貴南而賤北者從天垣也龍穴堂局合此垣局者實爲帝王之地

大微垣

南極爲大微垣爲上帝受釐告功之室正居巽巳中有五帝座居正北太乙五尚書正居巽地內有郎官三公九卿五侯以輔導帝極前有明堂三星居巳靈台三公居午常陳爲耳目之官西掖東廂四星爲藩垣東華西華爲門掖左右執法二星爲左右掖門後有太陽守太

陰守二星爲衛中有張翊軫三宿爲侍其氣行於地實爲次吉之壤地法以巽丙爲貴者從天星也

少微垣

西掖有少微垣爲天帝文昌之府正居辛地中有帝座正臨兌地西有情星爲宮掖內平四星爲侍御又有虎賁中郎秘府僉史三少從官左有軒轅長垣爲藩衛右有帝師帝史帝卿博士六星爲侍御前有長平後有三台其氣行於地實爲次吉之壤地法以帝星爲貴者從天星也

天市垣

東府有天市垣爲天帝泉貨之府正臨艮地帝座亦居其中又有市樓市肆秤斗斛車府庫以實之貫索宗人侍衞左右二十四星列國分野宋爲南海燕爲東海徐吳越齊中山九河河間晋鄭周秦巴蜀梁楚河東河西韓宋等藩四方皆有貴人一星旁照庚地爲捍衞府庫之官司命一星正臨丁地爲五福壽命之司其氣行於地中實爲上吉之壤地法貴南賤北以艮爲吉氣者從天星也

四垣附考

按紫微垣四貴人臨丙地而主貴陰德臨庚地而主武

五尚書臨巽地而主文天乙臨辛地而主壽八穀臨艮地而主富司命臨震地而饒財大理臨丁地而旺人天市垣司祿臨丁地而主壽貴人臨庚地而主貴貫索臨巽地而主富宗人臨丙地而旺人

大微垣常陳一星臨艮地而主貴郎官臨庚地而主富九卿臨辛地而饒財三公臨丁地而主壽

少微垣五諸侯五星臨丁地而主貴三少一星臨艮地而主富虎賁臨震地而主武僉史臨丙地而主文長平臨巽地而饒財

四垣天星從詳先略大有深意存焉隱戒後人圖大不

得且思其次耳所看龍穴砂水果能件件週全必結京
都陵寢之地苟得其次可出三公九卿即係小地如果
裁剪得法亦許丁財豐饒愼哉愼哉惟芘之㤟哉

古今分野圖　　砂水生旺清秀可斷出仕

子宮古青州齊國今山東青州府濟南府北海郡臨淄
丑宮古揚州吳越國今浙江蘇杭二州并江南福建等
處是也
寅宮古幽州即今直隸京師順天漁陽郡河澗府永平
府保安州隆慶州涿鹿郡等處是也
卯宮古豫州宋國鄭國按地輿圖纏角亢氐三宿今屬

河南開封大梁東京歸德府等處是也

辰宮古兗州考皇輿要覽纏奎婁二宿今山東兗州府是也

巳宮古荆州楚國卽今湖廣等處是也

午宮古三河周岐山卽今山西河南洛陽等處是也

未宮古雍州秦地卽今陝西雲南等處是也

申宮古梁州晉地又名益州卽今四川貴州等處是也

酉宮古冀州韓趙地卽今北京眞定府廣平府武安郡順德府鉅鹿郡山西大同府等處是也

戌宮古徐州魯地纏心房二宿當在宋地卽今南直隸

徐州彭城郡河南汝寧府等處是也

亥宮古并州魏衛地即今北京大名府河南彰德府邯

鄲上黨郡衛輝府朝歌懷慶府河內等處是也

已上分野大畧如此再以廿八宿詳參之則庶乎其

不差矣

經星考正

元枵在子齊之分野青州之域虛危在山東之青州危

界濟南登州萊州東昌之屬

星紀在丑吳越分野揚州之域斗宿界南京應天鳳陽

蘇州松江常州鎮江廬州安慶太平寧國池州徽州廣

德和州滁州揚州淮安浙江之杭州嘉興處州湖州溫州江西之吉安瑞州袁州臨江撫州建昌南康廣信饒州南昌南安贛州九江牛宿在南京之揚州淮安江西之九江浙江之溫州湖州嚴州金華衢州紹興寧波台州福建之福州泉州延平汀州興化邵武漳州廣東之廣州潮州南雄肇慶高州寧州瓊州廣西之梧州女宿在廣東之廣州南雄肇慶高州雷州瓊州東州福建之建寧福州泉州延平江州興化紹武漳州浙江之溫州嚴州金華衢州紹興寧波台州廣西之梧州

析木在寅燕地分野兗州之域尾在京師之順天河間

保定永平延慶萬全箕在順天河間保定
大火在卯宋地分野兗州之域氐在河南之汝甯房心
在南直隸豐沛之處
壽星在辰鄭之分野兗州之域角亢二星居河南開封
汝甯
鶉尾在巳楚地分野荊州之域翼在貴州之黎平廣西
之平樂南甯慶遠潯州柳州廣東桂林廉州四川之夔
州湖廣之彬州安陸沔陽永州辰州常德衡州長沙武
州荊州黃州德安襄陽武昌陝西之漢中軫在四川之
平茶夔州陝西之漢中湖廣之靖州武昌襄陽德安黃

州荆州岳州長沙衡州常德辰州永州沔陽安陸郴州廣東之廉州廣西之桂林柳州平樂慶遠等處鶉火在午周之分野營州之域柳宿居河南一府星宿在貴州之銅仁張宿在河南之南陽柳在銅仁星在南陽

鶉首在未秦地分野雍州之域井屬貴州之廣安四川之成都保甯敘州潼州眉州嘉定瀘州雅州永甯龍州順慶天金陝西之西安鳳翔漢中平涼鞏昌臨洮慶陽延安洮州文縣雲南之臨安楚雄曲靖武定山西之大原遼州潞州鬼在陝西之西安鳳翔漢中平涼鞏昌臨

洮慶陽延安甯夏洮州文縣四川之馬湖雲南之臨安
楚雄徵江曲靖武定貴州之普安
實沈在申梁州之域晋魏分野畢觜京師之保定眞定
山西之大同觜觜山西之平陽澤州四川之松潘疊溪
參觜山西之潞州澤州汾州遼州大原四川之順慶松
潘疊溪雲貴亦寓焉
大梁在酉冀州之域趙之分野胃昴二宿在京師之順
德廣平保定眞定山西之大同
婁降在戌徐州之域魯之分野奎婁二宿居山東之兗
州娵訾在亥并州之域衛之分野室在山東之東昌京

師之大名河南之彰德衛輝懷慶壁居京師之大名河南之彰德衛輝懷慶

卜氏所謂某州某郡分野可斷者此也古仙推占必准於此

地德上載天光下臨陰用陽朝陽用陰應陰陽相見福祿永貞陰陽相乘禍咎踵門天之所臨地之所盛形止氣蓄萬物化生註

地有形之體也天無形之氣也有形者氣之所成而卽以載氣無形者氣之所運而卽以寓體是故氣行於天而載之者地地附天乃以成德體列於地而臨

之者天天依地乃以成形氣行於天者氣本陽也體列於地者體本陰也陰體宜用陽氣朝之斯地得所而天氣乃歸陽氣宜用陰體應之斯天得所而地道乃成天氣地形兩相交合則爲相見相見則福祿永貞天氣地形兩相反逆則爲相乘相乘則禍咎踵門且天之氣無往不臨地之體無往不盛必於地之形止而氣乃蓄亦必於天之氣蓄而形乃止形止氣蓄天地自然之交會非形止而後氣蓄亦非氣蓄而後形止蓋形地之陰也陰不孤陰必得天之氣而始止氣天之陽也陽不獨陽必得地之形而始蓄即陰陽

相見之謂也形止氣蓄而後萬物化生有不期然而然者矣苟爲孤陰獨陽則形不止形不止則氣不蓄氣不蓄則天不交而地不會也所謂陰陽相乘禍咎踵門者此之謂也可不慎與地理者三才一貫之心法也青囊所云挨星元空雌雄之理法妙用皆在一形一氣一止一蓄之中其形止氣蓄四字乃青囊三卷之綱領妙諦莫盡非能畢洩學者不可不細察也

氣感而應鬼福及人是故天有象地有形上下相須而成一體此之謂化機註

自形止氣蓄已後天氣與地形合一則所葬之骨亦

與天地形氣合一合一則有感有感則有應有應則死骨蔭而生人福若天氣與地形不交則所葬之骨天地不交不交則無感無感則無應無應則死骨朽而生人禍或謂禍福之感乃死骨自生不知死骨無靈借山川之靈以為靈山川無主借死骨之主以為主以無靈之死骨葬於有靈之山川則無靈而化為有靈以無主之山川藏有主之死骨則無主而化為有主山川有靈無主不應死骨有主無靈不能山川死骨合成一體所以氣感而應鬼福及人山川何靈得天地陰陽所感之氣以為靈死骨何主得天地陰

陽所結之形以爲主山川之靈何靈靈應禍福之機死骨之主何主主載禍福之柄山川之氣亦非有意生禍福而禍福自有機而出焉適與天地陰陽之氣相遇於窅冥之中夫有所流通焉夫有所閉塞焉遂與天地陰陽之氣與骨爲一而禍福乃勃然而起矣天地陰陽之氣自然符合非有意以生萬物而萬物自有機焉適與天地陰陽之氣相值與恍惚之間夫有所絪縕焉夫有所苞孕焉遂使天地陰陽之氣與物爲一而萬物亦勃然興矣化機之道如是地理亦如是焉夫化機之道原本天象列宿得天之氣而生

此言生成之道天爲萬物之用地爲萬物之體

於天列宿與天爲一體也山川之體原由地形山川得地之體而結於地山川與地爲一體也天象地形上下應而成一體四時行而百物生此之謂化機

下卷　古文作叢辰篇

經曰無極而太極也理寓於氣氣囿於形日月星宿剛氣上騰山川草木柔氣下凝資陽以昌用陰以成陽德有象陰德有位地有四勢氣從八方外氣行形內氣止生乘風則散界水則止是故順五兆用八卦排六甲布八門推五運定六氣明地德立人道因變化原終始此之謂化成

萬物之榮枯變化原其終始都始天而成乎地也

三卷總言太極之理下卷通言生成之道宜分作三節看其理更顯自無極而大極至陰德有位止爲一節此節總論玄空雌雄挨星合用之理隨處可以立極安宅地有四勢至界水則止爲二節此節言城門法城門者生旺所從出也是故順五兆至化成止爲三節此節指明大葬用法及天星選擇之用其法不外體用終始四字何也天爲萬物之用地爲萬物之體萬物之榮枯變化原其終始之理皆始於天而成於地也

傳曰此篇中言形氣雖殊而其理則一示人以因形

求龕為地理人用之準繩也易曰易有太極是生兩儀太極者所謂象帝之先先天地生能生天地萬化之祖根也本無有物無象無數無方隅無往不在言太極則無極可知後賢立說慮學者以太極為有物故申言以明之曰無極而太極也大而天地細而萬物莫不各有太極物物一太極一物全具一天地之理人知太極物物皆具則地理之道思過半矣理寓於氣氣一太極也氣囿於形形一太極也以至日月星辰之剛氣上騰剛中有太極故能上騰山川草木之柔氣下凝柔中有太極故能下凝資陽以昌資之

以太極也用陰以成用之以太極也太極之所顯露者謂之象而所宣布者謂之位地無四勢以太極乘之而命之為四勢氣無八方以太極御之而命之為八方勢與方者其象其氣而命之為勢為方者其極極豈有定耶則勢與方亦豈有定耶四勢之中各自有象則八方之中亦各自有氣然此諸方之氣皆流行之氣因方成形只謂之外氣倘任其流行而無止蓄則從八方而來者還從八方而去千山萬水僅供耳目之玩如傳舍如過客總不足以濬發靈機滋荄元化必有為之內氣者焉所謂內氣非內所自有卽

外水流行之氣於此乎止有此一止則八方之行形者皆招攝翕聚乎此是一止而無所不止於此而言太極乃爲眞太極矣無所不止則陽無所不資陰無所不用而生生不息之道在其中太極生兩儀兩儀生四象四象生八卦萬事萬物胚胎乎此前篇所謂形止氣蓄萬物化生蓋謂此也然但言止而不申明所以止之義恐世之審氣者茫然無所措手故舉氣之最大而流行無間者曰風曰水夫風有氣而無形稟乎陽者也水有形而兼有氣稟乎陰者也然風稟乎陽而陽中有陰焉水稟乎陰而陰中有陽焉二者

排六甲布八門顛之倒之縱之横之極無定體隨時而在者也

皆行氣之物氣之陽者從風而行氣之陰者從水而行而行陽氣者反能散陽以陽中有陰也行陰氣者反能止陽以陰中有陽也大塊之間何處無風何處無水風原不能散氣所以噓之使散者病在乎乘水原不能止氣所以吸之使止者妙在乎界苟能明乎乘與界之爲義審氣以定太極之法概可知矣上文反覆推詳皆泛言形氣之理至是乃實指地理之用於是總括其全焉順五兆以五星之正變審象也用八卦以八方之衰旺審位也排六甲以六甲之紀年審運也布八門以八風之開闔審氣也推五運以五

紀之盈虛審歲也定六氣以六氣之代謝審合也謹歲時以時之深淺定命也知此則地理之矩矱槖籥盡於此矣如是則太極不失其正而地德亦可明矣然聖人之明地德也非徒邀福而已葢地之五行得其順則人之生也五德備其全而五常順其性聖賢豪傑接踵而出而禮樂政刑無不就理豈非人道自此立乎然此亦陰陽變化自然之妙雖有智者不能以私意妄作夫亦深知其所以然因之而已夫卜地葬親乃慎終之事而子孫之世澤皆出其中則人道之所以終即爲人道之所以始然則斯道也者聖人

開物成務無有大於此者也謂之化成宜哉
龍馬負圖神龜獻書伏羲因之畫卦大禹由此演疇
古聖洞明陰陽之理以此養生即以此濟世皆本於
天垂象地呈形之至德也果能體天法地著書傳世
其德廣矣上二篇發明河洛之理元空大卦之旨已
兆於此矣此篇復以形氣之理剖析言之以詳太極
之變化也太極者無形無象不可捉摸後人拘擬大
極有物故曰無極而太極也而字遞下之意太極之
外別無他物凡夫地山川以至毫髮千鈞莫不寓有
太極上之日月星辰萬物飛騰亦莫不囿於太極下

之山川動靜草木榮枯兼之剛柔形色亦莫不寓有太極其剛陽之氣時時上升下施太極自著於外矣由是則八體乃有歸依有歸依則方定形成矣若無其極卽無其方太極豈有歸依卽茍知起星下卦之訣卽識城門所在城門旣知則太極立矣而九星亦隨之而定矣卽寶照經所謂乾坤艮巽纏何位乙辛丁癸落何宮者是也其星生旺休囚卽在此中分矣收山出煞亦在此中分矣其訣惟在城門得合所謂城門一訣最爲良者此之謂也一部辨正洩漏春光卽在言外矣試觀生旺之氣無一息不流行卽無一

息不交媾解此則頭頭是道星星有氣殘山殘水亦可剪裁總不離乎城門一訣之範圍也若星非其星時非其時其氣不能止蓄則氣之從八方而來者仍從八方而去非氣之我去而氣不我留也氣不我留則氣空乘此氣而形亦虛具此形譬之輕雲出於巖岫嶂嵐起於山澤一霎時風逐雲散僅供心目之玩而已乃若星能合時形卽囿氣氣寓於內任八表之行形者皆能翕聚於此由斯資始資生四時行焉百物生焉生生之妙無休止矣夫形既已寓氣何以有散有止蓋因風水二物昭行無間者所致耳風能行

氣水能界氣何時何處無之若無風乘水界則氣之行於外者亦如走馬看花於我無涉則何益矣茲以風水之性言之夫風由木生其性輕浮陽中有陰隨物留行不常不定無拘無束氣欲止而風欲行氣亦隨之而散非氣自欲如此以招輕浮之風故也抑水從金出其性沉靜陰中有陽風不能撓亦無常定金以生之土以尅之有喜有畏水以吸氣氣不從風自由自止自來自去其故何也實由水以却其風也所云水却風者水中有太極也風止氣者風中有太極也形圉氣者形中有太極也所謂物物皆具一太極

也上言太極之體此言太極之用辨五星者五星有正有變不可不辨也察八方者察其八體交媾生旺也排六甲者排其元運推五運者推其五運六氣也知此則陰陽之妙包括已全矣所云明地德者德爲天地所重不可不明明者明其理也卜地如法所出聖賢豪傑治己治人名垂不朽以昭爲德之報也立人道者人生世間一動一靜皆不離乎三才之道其理雖同其用實殊化者萬物生於土而死亦歸於土行德者子孫繁衍或富或貴乃得陰陽變化之妙也原終始者揚名顯親全始全終謂之化成誰曰不宜

直解上卷推原無形之氣爲萬物生生之始中卷因有形之象推測無形之氣一形一氣萬事萬物不能逃其變化出其範圍此卷兼形兼氣幷兼理而言實指地理之用也斯理雖本洛書實則變易不一錯綜無定隨氣運行隨時而在者也苟非師師相授雖窮年皓首斷不能窺其顛末讀者莫輕視而忽之

水生於金其形屬陰水爲木母木畏金尅落在巳申則水以化之落在卯戌火以制之落在寅亥爲木歸垣落在辰酉則木受金尅而木爲廢木矣若木大金

小又爲成器之木矣

一句子曰青囊妙用無過定太極之一法此章是指示太極之所在也太極是活潑潑地無定在而有一定不移之所在有定所而又有出神入化無定之所也先賢云太極本無極無極而太極也其取太極之法以理定之理寓於氣即以氣定之氣囿於形亦以形定之一寓一囿之間見得此活潑潑之太極非形不能載氣非氣不能寓理其理其形其氣以太極所在而命之爲理命之爲氣命之爲形其初未定太極之先先以理察之以氣詳之以形定之而太極於是

無遁所矣日月星宿剛氣上騰以照曜太極者也山川草木柔氣下凝以環拱太極者也太極資陽以昌用天之道也太極用陰以成因地之利也天之德有其象日月星辰風雲雷雨是也地之德有其位子午卯酉乾坤艮巽是也太極之德載四勢太極之氣從八方氣有內外其外氣所以行太極之形如子照午乾爲催之類其內氣所以止太極之生如午照子巽爲成之類乘風則散如坎得離風則坎之氣散坎得乾風則坎之氣愈散離處一白之元而一白之太極不可用也即當二五之數而一白之太極尤不可用

也何也一白之太極乘風也散也界水則止如坎界離水則坎氣止坎界乾水則坎氣愈止在一白之元而一白之太極固止有可取也卽當二七之運而一白之太極亦止亦可取也何也一白之太極界水也止也太極旣止是太極之有定由是形察以五星之正變氣察以八卦之生旺運布以六甲之紀年位定以八風之來去歲排以五運之盈虛合審以六氣之乘除地德旣明而聖賢哲士接踵而生人道立而天下治此青囊定太極之妙用要不過因圖書之變化原天地之始終以化成天下焉

下卷補註

無極而太極也理寓於氣氣囿於形日月星宿剛氣上騰山川草木柔氣下凝資陽以昌用陰以成陽德有象陰德有位

天地之成在於一形一氣氣則化始形則化成然氣之化始始於無極形之化成成於太極化始而後化成卽無極而太極也此節指出無極而太極一語總結上文化始化機之道蓋無極卽太極也太極卽無極也非太極之外復有無極言太極則無極可知所謂無極而太極者無極乃太極渾然之性本無有物

則無物不在其中量包天地無有極極而太極乃無極所受之命為一理之源萬化之祖大而天地陰陽總具一太極小而天地萬物各具一太極有一太極卽有一無極在焉太極之化無窮太極之源一本所以理寓於氣氣一極也氣囿於形形一極也至於天之日月星辰剛氣上騰剛一極也地之山川草木柔氣下凝柔一極也地之山川草木質陽以昌資一極也天之日月星宿用陰以成用一極也太極之象無盡太極之位不一當於陰陽有象有位之中立一極焉極者一也萬殊同歸於一也以是知化始化機化

成之道一以貫之非化機之外復有化始有一化機卽有一化始在焉言化機則化始可知化始者卽化機之氣化機者卽化始之形也形無氣不動氣無形不成言形則氣卽寓焉言氣則形卽寓焉形氣不離則始機合一其化化生生莫可終止所謂無極而太極也地理通此一竅則化始化機思過半矣以上元空雌雄挨星合用之妙盡在乎此以下城門太歲理法之源亦在乎此矣

地有四勢氣從八方外氣行形內氣止生乘風則散界水則止

此承上文太極而言。地無四勢太極乘之爲四勢氣無八方太極御之爲八方四勢乃河圖之形八方乃洛書之氣一氣一形皆此太極主之極極無定非元空雌雄挨星之法莫能定也葢定者四勢之外各得陰陽配偶之形八方之外各得天地交會之氣是以外氣行形而定於四勢八方之內形止氣生乃不爲傳舍過客所謂內氣止生者乃四勢八方之形氣皆招攝翕聚於此此一止則無所不止一生則無所不生眞太極也其止生之法在於一風一水風氣屬陽水形屬陰一陰一陽一形一氣必得太極位置纔有界限然風不可乘乘風則散水則宜界界水則止散則內氣不生雖外有形而氣莫能歸焉止則內氣含蓄縱外無形而氣亦可暫息焉務要得其位置之法則止者自止生者自生乘者不乘界者可界此城門一訣之源卽實照所謂城門一訣最爲良者此也又云識得五星城門訣立宅安墳定吉昌者亦此也所謂城門者界止之地也如城而有門可開可闔開則形氣流通闔則形氣止蓄卽乾坤一闔一闢之道也非俗所謂水口城門入首城門界合城門之謬說也城門者緊要之地也不可不愼也卽如京城省垣一

般百萬生靈賴以護之衛之古人立法取名極爲鄭重是城門一訣乃風水家最要法門寶照所云父子雖親不肯說者恐犯造物之忌也學者須得明師口傳心授乃能透此一關則元空雌雄城門挨星諸法皆可舉一而反三矣

是故順五兆用八卦排六甲布八門推五運定六氣明地德立人道原終始此之謂化成

青囊三卷不外生氣兩字自城門以後理稍定矣而法尚未全完當於五星正變之形審其體以辨美惡所謂順五兆也審八方衰旺之氣辨其成敗遲速所

謂用八卦也審六甲紀年之運以卜災祥所謂推六甲也審八方開合之氣以知生死所謂佈八門也此指太歲一訣卽天玉所云更看太歲是何神立地見分明者此也太歲者卽來去之太歲也太歲爲禍福之主不可不知尚不明此卽得元空雌雄挨星城門之訣而於禍福之遲速年命之應驗皆不能知此法既明而地理之妙用全矣至於選擇一條其法甚廣總以龍氣生旺爲主求其生旺莫如推五運定六氣也五運者卽五紀盈虛之歲六氣者卽六候代謝之令也安墳立宅得其生旺之氣其福澤未有不速應

者也知此則五法俱備五德俱全則地德明而乾坤毓秀山嶽鍾靈聖賢豪傑相繼而出斯人道賴以立天道賴以昌地道賴以成開物成務未有大於此者此之謂化成

地理辨正集註卷二

楚北富川尋緣居士著
蜀西創山省悟道人鑒
男金龍樂聞韶校
及門姓氏列前

天元歌序

昔我師授我以玉函之秘曰天氣生魂地氣生魄陰陽魂魄造化之精英性命之根底於是乎寓焉若祖宗父母葬不得所則二象薄蝕五行爲災身且不保而何有於延年獲福今授子以玉函之秘山原水國二宅奥樞

能窮其旨是卽人世金丹但天道深微傳非其人毫釐千里適足自誤誤人耳於是薰沐敬受而徵言妙義不克驟通小憤則昏且失經大疑則寒暑易序比其曉悟星歲十週又復遍考遺踪驗其得失蓋鞅掌者二十年胼胝者數千里乃得內無惑思外無疑致故願廣志殷嘗持輿義以贈後人而見淺見深多方岐誤或始信而終疑或得半而自足或以僞而亂眞欲求通曉良爲不易歲鶉首晤會稽李生及同郡王生輩資性肫篤服膺不衰丁酉之歲偕我周生翺翔入越越之彥士鶴于於宛委之山維時同遊者多人呂子相烈求一小邱奉藏

母娶卜於宛委南麓爲定馬鬣之封而吕子之再從叔師濂及舅洪烈先與予詩酒倡和得意忘形縞帶紵衣願言古處吕氏諸子之定交於予匪伊朝夕矣夫於越諸山祖於金庭天姥委於四明若邪霄客之所都居羽人之所游衍願隨同好之士披衣嵐袖坐嘯巖阿以故丙戌之後歲必適越三浙以東虞江以西足跡幾遍吕子同遊日久山川之變態心目洞然又欲周知昔人裁制之法而進問於予予遵奉師訓敬授以玉函秘義而總其要爲天元歌五篇吕氏世族代産聞人挺兹後昆詎慚先哲是能曲暢斯歌不晦雲陽之旨使有覺之類

咸識愼終則大匠之餘未必非利濟之全能也以是窮
通道奧夫豈遠乎
歲在己亥日月會於元枵之次中陽大鴻氏題

天元歌　蔣大鴻撰無心道人解

天元歌一　總義

一元浩氣涵三象混沌初開氣升降天清地濁成兩儀
陰陽互根氣來往山川土石象中氣日月星辰氣中象
二氣相抱不相離濁陰本是清陽降惟有人爲萬物靈
品配乾坤號參兩一人自具一陰陽卓立三才不相讓
元陽本是天中來形從大地產根荄至人父天而母地

此是生成妙化裁天元降在地元中猶如父母媾成胎十月嬰胎非父臟乳哺三年母之懷人生本天而親地

地靈原是天靈栽

太初無形之氣始於一陽此氣浩蕩自然包含萬象此言三象而萬象成在其中矣混沌是清濁未分之先清氣升濁氣降兩儀由此分陰陽由此運四時由此行萬物由此生天包乎地地處乎中地不得天則無所成天不得地則無所生天地陰陽無一息之相離卽無一息之停留此萬物所以生生不已也且山川草木在地之有象者而春榮秋落升騰蟄藏卽是

象中之氣日月星辰在天之有象者而斗轉星移弦望晦朔乃是氣中之象靜與動陰與陽形與氣上下相須而成一體乃天地萬物生生之妙也其妙難言故將父母嬰胎之意以發明之亦猶大易男女媾精萬物化生之義云爾

生時衣食居廈屋萬寶地產名天祿由來宅相福生人
帝室皇居北京國死時骨魄歸於土返本還原義反復
還從地氣吸天氣變化蒸噓露金玉

順天之氣則生逆天之氣則死乃萬物生化自然之理也夫人之生也一呼一吸即與天地之氣相通非

但生者得此以生即化者亦得此以化返本還原賴有形之質足以承天無形之氣足以生質質生氣氣還生質天地合其德體用合其宜上行下效陰陽往來變化蒸噓子孫之休咎從此出矣

煉蔭仙客解中虛凡骨猶能化百族吉成龍鳳象靈奇凶作虫蟻諸惡毒魂魄苦樂人不知但見子孫生禍福聖賢仙佛也難逃帝王將相莫自豪各有山川來蔭應今來古往不相饒最小千金傭販子亦沾微潤樂陶陶不然無祿並絕世墓宅不爽爭秋豪

上文所謂承生氣是承元運消長之生氣也葬埋承

此生氣則骸骨與此山之生氣相合結成諸般靈物若背此生氣而承衰敗之氣則骸骨亦與此衰敗之氣相合結成諸般惡毒所謂氣以成形者也夫此盈虛消長之机即陰陽往來之理雖聖賢仙佛將相帝王猶不能逃其範圍況中人以下哉

所以聖人重此理遷豳卜洛不辭勞後世名賢朱蔡輩煌煌書册册議何高

歷叙數千百年古聖卜洛遷豳之事以證千古一法也自一行後偽法雜出偽者淺而易曉眞者奧而難明間有知者又恐天律有禁不敢輕泄惟蔣公得無

極眞傳著辨正撰五歌數萬餘言發明天玉青囊寶照則天心一卦之端錯綜變易之機陰陽動靜之理起星下卦之妙其如示諸斯乎

無奈豎儒識見偏諱言求福云達天世上惜財薄葬者附會其詞以文慳一旦偷安拋父骨世代凋零亦堪憐並使子孫貧夭絕不孝莫大豈爲賢覆槨翻棺並腐骨父母遺骸難保全

先儒亦有不信地理之說惟其德可回天天必佑之人定勝天理或然也若無其德而妄託之遂至覆槨翻棺亦所不免夫爲子之道養當盡其敬葬當盡其

誠親安則子安子安則後裔厥昌可不慎哉

世間萬事半荒唐惟有陰陽不可當不笑不言三尺土
掌握禍福急如火世人不重父母墳只想花開不顧根
僧道乳母且相應繼子外甥如嫡親

此以僧道乳母繼子外甥甚言墳墓之應驗不爽也
所以銅山西崩靈鍾東應理有固然無足怪也

墓宅吉凶較量看新墳舊墓也相參墓宅兩宜定興盛
墓宅兩廢斷人烟宅凶墓吉兒孫慶墓凶宅吉眼前歡
祖父新扦沾煞氣高曾福蔭他房去寒林忽發一枝花
若非新宅必新塋吉少凶多福來短吉多凶少禍來輕

此言新墳舊墓不可忽畧陽基門路須當兼看而新墳尤爲緊要耳

更看屍骸寒與煖歲久骨枯取效緩惡山惡水倘曾埋銷盡陰霾氣方轉初喪新骨天靈完葬乘生氣朝花鮮若是嫩山並嫩水一紀之內錦衣還並將宅氣來相輔車田院裡出官班

此言歲久骨枯之患即葬吉地須待陰寒之炁消盡生氣方轉新骨是三月五月一年半載之謂也再求嫩山嫩水用法得宜自然一葬便興而福蔭可尅期而至矣

莫說生來命數奇地元一得天星移此是至人造命訣
二十八宿掌中齊莫說窮通有骨相螣蛇變作蒼龍樣
此是仙家換骨方死骨受蔭生骨壯

地元者盈虛消長化生萬物之烝也墳地得此子孫自然興旺此即生者命隨葬者定之義也歷觀世家大族祖墓無不佳者即傭販小康之家亦得局緊機圓小地古往今來一毫不爽也豈有一葬便興者一葬即敗者其敗與興皆關宅墓不在命與相也然則世之拘命而不求地者固非即求地而不順人情者亦非也

勸君大地莫誤求大形大局少根由縱有千山并萬水與他穴氣不相投

山水二龍都以神氣滿足情形專一者爲的所謂根由者此也所謂相投者亦此也如坐下無氣精神渙散土色鬆濕雖有千山萬水皆無益也

一枝一泡山龍眞一鉤一曲水龍神肉眼只嫌結局小箇中生意滿乾坤

此言求地不在乎大小在乎神氣而已卽一枝一泡一勾一曲果有神氣何患乎地之小哉苟無神氣雖大何益肉眼拘定形局大小而不察生氣有無每每

貪局下穴殊屬可笑

恨殺時師不識眞常將假局賺他人謀占靈坛金舊墓壞人心術少安甯豈知吉地方方有只在眉頭眼下尋

此言有意誤人之弊明知舊墳百計謀占翻動腐骨甚至棄之溝壑將數百年古塚起扦磨滅心術如是非但不能求福必招奇禍於目前即經手主事之人欲免災禍亦幾希矣至若不顧地之可否輕易改扦祖墓而從中取利者甚有明知一葬便凶因其中有小利可圖而不顧人之禍福者種種惡習甚可恨也

蔣生二十慈母喪幾度拜人求吉葬家破多因買地差

身衰半爲尋師淚幸遇眞人無極子授我玉函法眼藏十年冥悟徹元微萬里探奇走烟瘴識得天元造化根花前月下天機放

此自言求地之不易而幸得訣之有緣也

此書不是術家書河洛精微太極圖羲文周孔心相契禹範箕疇義不磨管郭遺文多僞託楊曾口訣世間無若不傳心並傳眼青囊萬卷總模糊天涯倘遇知音客留取狂言醉後歌

理氣一法原本洛書即井田宗廟明堂算學九州勾股堪輿卜筮之類皆從此出蔣公特舉古聖俯察之

理本乎洛書之義也

天元歌二　山龍

昔日華山陳處士演成太極傳當世推原天地未分時只有坎離水火氣二氣日夜相摩盪清者爲天濁者地坎離一交成乾坤製造大圜如冶鑄黃輿乃是冶中灰水火煎烹積滓翳山情剛燥火所凝骨骼支撐爲砥柱

希夷先生演成太極推原天地未分之先其氣混沌只有水火升降而已摩盪不已乃成清濁清者升而爲天濁者降而爲地清濁之所以升降都由坎離二氣爲之兆也

崑崙高頂九霄中此是中天大帝宮海外三山幾萬里總與此山脈絡通陽脈東南來震卦如入正面向離風篤生聖哲臨夷夏迴與肩背不相同

此言中國大幹有三都從崑崙發脈在大江之左者爲南幹在黃河之左者爲中幹順天關東爲北幹此三幹都從正面出脈所產聖哲迴異肩背山龍平崗不可不察也

大幹三條分主輔三條各有帝王龍帝穴龍神五百里若是百里作王公但有特龍來數里亦許勳名著鼎鐘

此言中國三條龍脈之大勢也至於出脈支幹行度

遠近詳見下文

欲識龍行先識起龍若起時勢無比高山嵩何削芙蓉千里曾巒皆俯視此龍多生火木形放下羣枝行八際一枝一葉有龍神正龍端向中央去

此言支幹之出身也幹龍出身雄峙一方高揷雲霄開幛列屏穿心中出廻與支龍不同恰似萬仞峭壁如刀削者所謂辭樓下殿也

只把江南大勢看南龍起頂是黃山左翊九華開內輔右翅天目黴東籓正龍屈曲神仙府直到金陵龍虎蟠

此言幹龍氣勢雄健成形者每多木火星體南幹之

勢然也九華天目浙江祖山直到金陵龍蟠虎踞斯爲南幹正結

山龍一起一龍分數起數分龍爲尊龍神分去無非穴正幹偏枝力不均

此章專言龍體貴賤幹支力量不同乃看龍之要訣也龍以分爲尊分則粗頑之氣脫盡水以聚爲貴水聚則氣止氣止水交方是眞穴山龍平洋大勢然也凡山龍出脈分枝必先起頂分下傍枝即爲偏枝幹龍多結省郡或千餘里或數百里卓立雲霄謂之幹龍或早晚有雲霧生其山頂亦謂幹龍幹龍氣老結

穴恆少如有眞結力量極大偏枝傍脈力量稍殊正幹者卽大開中出之脈也正脈來遠其分愈多粗頑之氣愈盡所謂分淸之分也

看龍看起復看斷凡屬正脈斷復斷斷時百里失眞蹤穿江渡海情無限山根委曲地中行不是神仙誰着眼

上章論龍之起分此章言龍之跌斷葢龍之分也必先起而後分龍之起也必先伏而後起眞龍之勢然也此處不言伏而言斷者何也葢斷者伏而將盡之謂也伏而將盡其起必雄健故伏而以斷爲貴也

識得斷龍方識結結穴元微最難說世人求穴近大山

且要案山龍虎夾豈知大山龍未歇縱有窩坦氣走泄
眞龍偏結曠野中踴躍奔騰不怕風饒他落在深岩裡
也要平陂萬象空正龍勢猛向前行從龍不及過關津
譬若神駒日千里難將凡馬望其塵亦似山川抽嫩笋
從龍如箬抱其身一朝雷雨干霄長節高箬落不相親
時師只怪無龍虎眞龍眞虎穴中鎖會得天然龍虎時
浪打風吹皆樂土

斷者伏也凡眞龍將結穴時必伏而後起者爲貴至
若脫刼出洋伏而起起而伏穿江渡河最難着眼龍
之結穴更屬元微深山老幹踴躍奔騰起伏情形入

所易曉出洋脫刼變化莫測將結穴時龍之踪跡愈變龍之機勢愈疾左右從龍似有追從不及之狀俗眼每嫌左右無砂棄而不取要之眞結定不孤行外纒夾輔隱隱相從或貼身左右有蟬翼陰砂或水口有羅星關攔卽爲眞龍眞虎天然眞結識得此穴不拘湖蕩河邊風吹浪打之處皆成樂土也

龍神節節顧祖宗如子戀母遠相從若不向祖爲正案另求別案配雌雄百里眞龍百里案賓主威嚴眞匹伴莫言作案便非龍但是高峯都不賤

平洋對三乂察血脈以辨龍之得失山龍看落脈辨

穴星察神氣認生死以定穴之有無皆尋龍之要訣也所云正案雌雄即齊肩大懷之謂也

辨穴先須辨落脈落脈乃是穴消息頂上生峰脈頭角兩傍開帳脈羽翼粗枝出細好花房老蚌生珠光滴滴也有好龍無脈看高崗平阜祇粗頑彼處祖宗多脫卸數節之前骨相完

辨落脈必先辨開面之大小然后再辨落脈之真假如不開面而落者不是貫頂即是劍脊此皆山龍之所忌也如大開陽面而脈從中出或從結頂開肩傍落另有一段陽和之氣者乃是真落脈真結頂故云

辨穴必須辨落脈也落脈秀嫩似有似無有呼吸浮沉之動氣者此辨穴眞僞之消息也山龍落脈必先起頂有未起頂而先落者亦有先起頂而後落者或從肩落者或從腰落者或臍落或項落或傍落種種不一務宜細察老蚌生珠等語是言老榦抽嫩枝出脈處有光彩奪目之情狀也另有一種無脈可尋之地必於數節之前脫盡煞氣方爲眞結出洋脫劫每每如是

大率眞脈有二種連脈飛脈精神迴連脈眞踪在本山飛脈他山復一濵本山定是結垂頭他山半作拋珠弄

也有飛脈遠數里起伏愈多龍愈美時師只道餘氣長或作羅星水口當豈識眞龍饒變化草蛇灰線最難詳教君到此須求盡眞龍大盡貴非常近山飛脈不嫌土遠山飛脈石中數若無眞石盡浮泥恐是人工難證取地形相連者爲連脈穿田渡水者爲飛脈近山飛脈雖不論土亦要堅細明亮爲佳遠山飛脈伏而起起而伏渡水過河粗頑之氣已經脫盡內有真土并有石脈石骨者最佳若無石脈又無眞土此地必假所云抛珠垂頭是指飛連二脈吉穴之情狀也草蛇灰線是言龍脈阢微難以言狀故將草中蛇灰中線以

比之

與君細論石中機石是山中骨髓滋時師只怕石無穴誰曉真龍石始奇真鉗真窩石內藏真龍真虎石兩傍識得枕棺龍尸石千山玉乳灌心香結穴之石此中推行龍之石石懷胎不審其中元竅理滿山頑石豈堪裁試言結穴有二品石穴土穴貴相準石穴端的是窩鉗慎勿鑿傷龍骨髓土穴大極暈中包四象分明外象阬窩鉗土色不須論太極重輪仔細尋真土原來石變化不同凡土五花紋世人鑿穴但求土若逢凡土枉勞神

此節專論石穴石穴多結窩鉗其石必須八字分開

其脈左右亦要蟬翼分明塊塊有眞情者爲的凡是眞結定有眞土土眞其色自異不必拘拘於五色也假如土色穎異謂之穴暈亦不必拘拘於重輪也若是眞結近穴之石另有一般神色宜細察之眞穴開下二三尺其土必變自與凡土不同幷有開下數尺有小石如魚鱗者有小石如檳榔紋者又有石板平如鏡者卽爲枕棺石又爲滕盖石倘見此石斷不可鑿亦不可開開則洩動眞氣石下每有青鸞白鶴金雞玉兎龜蛇魚鱉之屬一見諸物眞氣立洩斷不能受眞龍之全氣矣所言土穴滿山是石獨下穴之處

是土又有浮面是石開下數尺是土者亦有浮面是土開下數尺是石者又有來脈是石貼身起石頂開石鉗而結土穴者種種結處難以悉舉總而言之其穴每多極暈有內象外象之不同內象言土色重輪之圈外象言左右形局向背之情眞土變化不一惟求明亮光潤堅結而已土有五色以黃者爲正鑿穴求土不可拘執某龍穴某土色之說夫龍氣千變萬化土亦隨之變化山山不同處處各別堅潤而有神氣光彩者即青黑之土亦眞粗鬆濕乾枯而無神氣者即金黃之土亦假要之惟取神氣堅結而已何

必拘拘青黃赤白之呆法耶吾鄉洪雅存太史之祖塋地名全橋出北門數里開下三尺許土色如墨光彩射目形方如几僅容兩棺餘皆黃色後發鼎甲名垂史册又有孟岩方伯之祖塋在吾郡之東夏野土色青如藍靛質堅如石葬後子孫多發科甲位皆通顯此皆青黑之色可以為証更有土山起石頂而結穴者亦有滿山頑石石下特生石峰五六塊而結穴者或生奇石似牛馬者或石層層如巧雲者或石生尖如春笋者或石纍纍如穿珠者奇巧不可勝計惟仆所見者誌之大凡結穴之石必要開面豎立向穴

有情者爲妙竪則石性向上開而向上則石必分水
水分兩邊石下必有土而乾煖矣大忌橫斜冲射性
必向下水亦隨石而下石下有水其石必深雖挖數
丈斷不能脫石而見淨土也

問君下穴有何法正龍正下是眞訣時師只怕冲腦門
每向龍傍求倚穴精華走泄發不全左右偏枯房分絕
也有眞龍偏側走龍是側來穴是正此是龍神一轉頭
結頂垂唇巧相稱

正龍正下者有之亦有側轉落者專向龍傍尋倚穴
者非也拘定於偏傍求穴者固非拘定於正中求穴

者亦非也總之穴結於傍則傍扦穴結於正則正扦扦穴得宜自無偏枯之患矣夫眞龍行度情狀不一側走傍落背面易分若回龍顧祖枝幹相朝每多側行偏走之勢或轉身出脈或起頂腰落結頂垂頭每多側落乃傍城借主之穴耳

語君結頂是眞訣披肝露胆爲君說龍不起頂非眞龍穴不起頂非眞穴結頂名爲眞穴星穴星圓暈產眞金世間萬寶金爲貴此是眞陽露妙形眞龍大地皆同體遇着眞金莫放行亦有穴星兼四曜不離金體是眞精

正龍起頂乃脫胎出脈之所其出脈左右自有護衛

陰砂如八字樣方爲眞結頂又爲眞出脈此等落脈到頭定結眞穴穴星亦要起頂如穴星不起頂則眞氣不聚立穴無據故曰非眞穴也穴星圓暈是指穴星形象也起頂結穴多是金體所謂眞陽露妙形者此之謂也

無極天元無別說只曉眞龍與眞穴識得眞龍與眞穴
天機造化任我奪不得眞龍與眞穴我師更有方便法
傍枝㔟脈有來情只要穴後生一突緊粘突下作穴星
此法名爲接氣訣人丁財祿兩豐盈亦堪與子登黃甲
君看當年富貴坟半是接氣非眞穴

來情者出脈一線之謂也凡突須有來情有來情乃爲眞突接氣葬之自然發福如無來情便是假突此種穴法最易誤人故特辨之務要辨清來情背面生死而後接氣之法始得不然亦不驗矣

亦有眞龍向前行腰間脊上有三停湊着龍身下一穴

此作騎龍斬氣名

騎龍斬氣是看龍尋穴之法龍有起伏頓跌闊狹縱橫之勢龍有開帳起頂曲動行止之情凡跌伏收束皆龍氣分枝出脈之變化古人所謂峽前峽後好尋龍者此也大地多從腰裡落者亦此也凡過峽前後

束氣之處腰間脊上稍有動氣情形又有呼吸浮沉之嫩脈下穴於此謂之斬關又名貼脊穴凡眞炁未伏欲伏之際左右前後護送之砂若有欲前不前之勢欲止不止之情將起未起之際下穴於此謂之騎龍堂局砂水都以左右之迎前送後者爲貼身之護從水分八字不以爲嫌另有天然局面者爲眞騎龍穴也

眞龍餘氣本非穴撞背來時氣未絕亦有龍傍一脈垂此號流神皆可發世人見發謂穴眞豈意龍頷剩明月

偏側分枝有動氣者謂之傍脈流神者小水流動之

處扦法得宜亦能發福

囑君點穴緊中粘莫嫌湊煞出毬簷得龍脫脈真元散受水乘風禍轉旋

立穴之法先看其情形次相其動靜察其左右觀其照應當緊則緊當寬則寬隨地適宜總以接氣為佳斷不可失龍脫脈山以龍名者山之起伏頓跌有似乎龍故謂之龍龍也者變化不測之謂也脈也者聚精會神之謂也細而軟動而靜和而緩如人之六脈一般亦有呼吸浮沉動氣得龍接脈斯為至訣如弗得龍脈扦於界水之傍受水乘風難免水蟻之患矣

我有眞人枕中訣說盡葬山諸大忌一一分明告世人
廣度葬迷長智慧第一切忌下空窩空窩積水寒氣多
葬下淤泥骨腐爛子孫絕滅可奈何凡有水淋生大咎
左淋長子皆不育右淋少子少安寧當背淋來皆莫救
穴無貼肉若坐空定有淋滴向穴中水流割脚猶堪忍
水若淋頭立見凶

太凡窩穴必先起乳突而後開窩窩中再吐唇毡此
爲眞窩若窩上無乳突窩下無唇毡卽是空窩爲患
最大故曰第一忌也貼肉卽毬簷之別名坐空非平
洋坐水之空穴無貼肉斯爲眞空

第二切忌下平坦穴居平坦眞情散坐後全無貼體星平波漭蕩生憂患

平坡扦穴必須界水清楚脈有來情亦發丁財若是平曠毫無起伏無泡無坡無貼體星辰無小水界氣入首之脈形似牛皮毫無動氣謂之平坦平坦之地氣散局寬立穴無據定生水蟻故有覊宗絕嗣之患也

第三莫下天風刼高山頂上空無穴高而有穴不爲空無穴天空眞煞刼八面風搖骨作塵此是風輪不可說

高山穴左右必有石砂抱繞或有陰砂拱向結成窩

鉗之形亦能藏風聚氣又有天然局面者爲的即前後左右之護從務要面面相向山山環繞層層拱照者乃眞穴也若四勢邊無邊有半向半背貼身無陰砂穴下無明堂此爲天空下後立凶故云第三忌也高山頂上結穴甚少亦有飛龍專結上聚半是仙佛神壇所占也

第四莫下龍脇背龍向他行氣不聚縱然穴後不空虛墻頭壁下無根帶

背即背面之背砂飛水反亦謂之背凡形勢反者情不內顧山背水飛氣必他行此山龍平洋凡背皆忌

脇即左右偏傍餘氣已盡之處雖是正面眞氣不到即有後靠與穴毫無干涉故曰墻頭壁下也又如貼身另有小水界清來脈其氣止聚其堂平坦又有眞水止蓄于前斯爲氣止水交氣止水交亦是小穴主山朝案雖是借用下後亦主速發若脈無水界氣無止蓄勉強穴之雖不立見灾禍子孫定主伶仃故云第四忌也

總之眞穴少人知　只言怪穴不易窺眞穴眞情原不怪語君種德合天機

有怪穴無怪龍識得眞龍自無遁情方知怪而不怪

矣正穴眞情謂龍易識穴易知也即垂頭正結人人共識之地也然其用法之得失全在有德者當之果能湊合天機又何奇怪之有哉

恨殺堪輿萬卷經當年曾有滅蠻名假托楊曾爲正訣不誤蠻夷誤後人

此言地書誤人由來已久自唐僧一行造滅蠻經至今不悟故蔣公特爲指明以醒當時也

陰陽兩淨卦中來陽龍節節是陽胎陰龍剝換亦如此只取清純向首排

淨與不淨即出卦不出卦之謂也山在山之卦內水

在水之卦內山得山之用法水得水之用法此謂之兩淨又謂之清純如辨龍體之陰陽則以開陽開而者爲陽收束收歛者爲陰如論氣運消長之陰陽則又以長者爲陽消者爲陰來者爲陽往者爲陰也如論干支顚倒之陰陽則又以隨時轉陽者爲陽轉陰者爲陰也斷不是某干屬陽某干屬陰之呆法也

若是嫩龍終是嫩乾坤辰戌皆英俊若是老龍眞爲老巽辛亥艮未爲寶

龍之老嫩生死是龍體之形勢活動者爲生眞硬者、爲死秀嫩滋潤者爲生乾枯者爲死斷不是左右旋

排得長生官旺爲生死也又不是乾坤辰戌巽辛亥艮三吉六秀之老嫩所言老嫩是氣勢情形之老嫩非方位干支之老嫩也讀者莫誤

浪說貴陰而賤陽天下奇龍扦葬少五行只取影中形九星變化亦非眞撰出後天生與尅豈解先天大五行

此節申言世俗誤認方位而論龍體陰陽貴賤之非即拘五星九星之正變貴賤亦非

先天五行無生尅一陽變化看太極眞木原從土裡生眞金本是火中出語君莫避尅胎龍木金水火原非逆

此言俗術以來龍之星體方位之五行辨龍水來去

生尅之非

更把方隅分五行左旋右轉別陽陰生方旺地求高峻堪笑時師掌上尋

此言諸家五行將陰陽呆裝二十四山看水之左來右到而分陰陽者拘此立向消水甚屬可笑豈知活潑靈動之機隨時變易之大五行乎

生龍本有生之情死龍亦有死之形生生死死隨龍變豈在方隅順逆行

龍之生死是言龍之行勢氣之榮枯精神之有無運氣之得失非方位也

或取喝形來點穴此是仙人留記訣好穴難將告後人記取眞形揣摹合混沌初開即有山世間萬物後來添器物衣冠時代異那得生成太古前子微玉髓巧分明只爲峰巒論應星若是龍胎眞有相後人虛揣失眞情

喝形點穴之法先識龍眞穴的再看星體貴賤或有穴情與形相肖者方合某形此是仙人指示後學喝形點穴之法也今人不辨龍之有無穴之眞假悉之生死情之向背一見山形有似龍蛇之類因形下穴牢不可破甚屬可鄙夫山川之性情變化不測穴法之隱顯不一星體之偏正不同豈可拘形求穴哉

山上龍神不下水先賢眞訣分明語時師卻把山來輪衰旺順逆紛無已誰知水法不關山失水龍會上天直瀉直奔皆不忌蝦鬚蟹眼莫求全

山龍以山爲龍也既以山爲體即當以山爲用是理之當然也奈世人不明山法而反以水之左右論衰旺死絕紛乜不已耶

雲陽本是先天老眾說紛紛如電掃血淚沾襟歌不已天機泄盡誰人曉

蔣公嗟嘆世人誤聽僞法認眞爲假認假爲眞舉世若狂迷而不悟爲害孰有甚於此者故作辨正五歌

將僞法逐一指出故血泪沾襟而不已也

天元歌三　平洋

天下平洋大地多平洋龍法更如何世人盡失平洋訣卻把山龍搦揣摩

山有山之龍神水有水之龍神山有山之用法水有水之用法青囊天玉辨之已詳茲因水龍一法世人盡失其傳誤把山龍下求平水故此首指其弊而下文申言水龍之用法也

平洋龍法盖有數種如山東一帶水深土厚地勢平曠連綿千百餘里起伏行止來踪去跡無從捉摸此

之謂平原平原用法與山龍兼得水龍者相等惟平原之水都是田源溝渠須從隱微之際看水之聚不聚再看氣之止不止氣止水聚穴必結於此矣平原之法雖未盡此實不外此

又有一種氣勢雄健屈曲活動來有踪去有跡起有大頂伏有斷一切行度有似山龍但不及山龍高大耳此之謂平崗取用之法亦以山水兼得為佳

又如嘉湖之處平洋地薄水渙蕩散遠者數里近者一里半里而已卽其起伏高低不過數寸之間此之謂平洋平洋氣散水渙甚難着眼須從微茫之際看

其氣之聚不聚再看水之止不止水止氣聚是爲眞穴平洋取用之法不同山龍以其以水爲龍也

又有龍勢闊大之處地勢開陽多縱放少收束收則有類平岡而無其結練放則有似平原而覺其稍厚去跡來蹤亦可明白此之謂平陽平陽尋穴之法惟以氣止水交賓主相得是爲眞結

平陽原不與山同郭璞分明說水龍水龍一卷從來秘
不敢輕傳洩化工我代雲陽行普渡一言萬古鑿鴻濛
神呵鬼責甘心受造福生民在掌中

此言水龍之法始於郭璞卽楊曾亦宗此法恐泄天

機故前人秘而不宜也惟雲陽一片救世之心將玄機盡泄造福生民以廣天心仁愛之功鬼責神呵亦不計也

山形脈絡有根源大地平鋪一片氈首尾去來無定所分枝過峽不須言莫把高低尋起伏休猜渡水復穿田

此言山水二龍形體各殊即下文山有山之用法水有水之用法也

山是眞陽神在骨地是純陰精在血山常葬骨不離肉地常葬肉不離血人言生氣地中求豈知地在水邊流流到水邊逢界水平原浩氣盡兜收

大凡龍得水則活氣得水則聚脈得水則的水行則氣行水止則氣止乃陰陽自然之理也龍到水邊又逢水界氣止水交必結於此矣所云骨不離肉肉不離血者此也

水龍原不異山龍將水作山一類從水龍即是山龍樣支幹分行事事同大江大河幹龍行小溪小澗支龍情幹水滂蕩少眞穴譬若高山無正結支水屈曲情相得譬若成胎有落脈山性純火主炎上水性純水去潤下炎上高起是眞龍潤下低蓄是朝宗山穴後高丁蕃盛水血後高絕無踪自上而下山之止自外入內水之止

山來多止止求眞水來多止止貴神若是止形皆可穴
頑山頑水盡黃金
此言水龍支幹行止與山龍一般山龍眞結無論支幹須左右纏護面面有情衆山衆水皆爲我用乃爲眞結水龍亦然神者卽有情有意之謂也
我有水龍眞要訣水龍有轉是眞結眞來直去龍之僵有灣有動龍之活一轉名爲抱穴龍抱穴富貴在其中二轉三轉貴不歇四轉卿相不須說
此章辨山水二龍老嫩之情狀山以屈曲活動背面生死及草木色澤金井土色均以滋潤光彩者爲嫩

乾枯者爲老也水龍幹枝老嫩則以大水爲幹小水爲枝三轉四轉者言幹枝大小生動活潑之謂也如流到止處或鉤轉抱穴或曲動有情此謂之嫩即謂之生如僵直淤淺外寬內窄行到止處愈狹愈淺此謂之老即謂之死富貴不歇總言轉折之多而發福愈久遠也

轉處不分名息道轉處分流名漏道惟有息道是眞龍漏道多轉總成空轉水不漏皆堪穴不必止處求盡結

轉處不分謂水不分流也若分濱分枝仍歸一處消者謂之歸源亦是息道又爲來情切不可因其分濱

分枝謂之漏道若分去而有去水者此爲眞漏道陰陽二宅均忌也

盡結原來是龍頭腰腹完全亦兼收龍頭偏側俱精妙腰腹完全力量優

大凡水之所聚卽脈之所鍾水神抱繞曲折之處卽是氣脈停留止蓄之所所云龍頭腰腹處處皆是此節專言平洋水龍下穴飛邊吊角之捷訣也

求全不必水來多一道單纏養太和更有水龍從外護愈多愈美酒添酥雖取羣龍來輔佐還從一道作龍窠別有雌雄兩道交交時恰似馬同槽此是水龍奇妙格

相呑相戀福難消

貼身小水抱穴不必過多多則雜亂胎神不固界穴小水只須一道便吉內界如玉帶其形如乙字卽是太和氣象至於外護之水愈多愈美入首金龍仍以一道爲用也又有一格一水從左來一水從右來一雌一雄兩道相交乃水龍之奇格謂之相呑相戀果能如是三元不替矣

水中亦有穴形星五曜時時現正形五曜只取金水土
木星有轉是眞情直木火星皆大忌水形呑吐露金精
若應三垣並列宿官階品職自分明但取穴星親切處

不離金土號眞靈

山龍有五星九星正體變體之形水龍亦有五星九星之象只求金水土者卽寶照所取貪巨武三吉也木星有轉水形吞吐卽靜中求動死中求生之意也三垣列宿謂水龍形體亦有應天象者要之環抱曲動者爲吉直硬無情者爲凶木火二星形象尖直故忌

五星論定穴始裁三法千秋慧眼開坐水騎龍爲上格傍水依龍亦佳哉向水扳龍非不美後山有水始無衰掛角併兼三法定莫侵漏道損龍胎

不拘坐水向水依水及飛邊吊角諸般用法總不離乎察血脈認來龍對三叉細認蹤補救直達兼貪兼輔之訣耳

龍胎雖固稱人心遠水安墳死氣侵粘着水痕扦貼肉陰陽交度自生春

山龍葬不接脈名為脫龍平洋葬若遠水便是離血大近則失血情大遠又恐水炁不接必須龍水交會之際陰陽相接之處乃為眞結大凡山水二龍立穴貴在不即不離惟坐水及金龍到頭用訣則又以愈近而愈妙也

平洋春到好栽花挹注盈盈氣脈賒眞水短時結氣短眞水長時實可誇長龍定主源源貴短龍只許富豪家照穴有情者爲眞水又爲元辰水或溝渠田源有止蓄情形或本身入穴界水轉身特朝屈曲有情亦爲眞水眞水者對脈來情之謂也此水之來不須深遠悠長所謂龍來長短定榮枯者是也

平氣不如環氣足龍逢轉處發萌芽更有一段分別處淺深濶狹辨龍車

平氣環氣是看水城之情狀而辨力量之輕重也龍車者屈曲活動旋轉抱穴之謂也水城既有屈曲情

形當辨某方闊狹某方向背某方來去辨淸方位枝幹闊狹遠近長短方可立向消納從中趨避而下穴也

水若乘東號秀龍空東湖蕩是痴龍得運痴龍能富貴外情內氣要相通帶秀痴龍尤顯貴痴龍後蔭福無窮

散氣無收者謂之痴龍幹支兩水相交屈曲活動有闊狹有收束謂之痴龍帶秀外情者言形局向背之情內氣者言挨星得失之氣要相通者卽相女配夫大小遠近各得其宜之意也內外兩字其說有二一以幹支分內外一以體用分內外果能體用合一形

氣無二此謂支幹得宜陰陽配合也

從來水路後天成不同山骨先天生山骨補培終不應水路疏濬引眞情當年無着修龍法修着之時旦夕盡莫道人工遜天功江河淮泗禹功平

山龍本無補培之法今人動云接氣甚屬不經水有疏鑿之理古人設法挑修往往取驗然必須去來得宜細心看准當鑿則鑿當培則培自可取効于旦夕也倘不明玄空之得失水神之來去胡鑿亂開徒取目前之觀瞻是謂盲修非但不能求福立見災禍于目前矣

水龍剖盡骨生香大用玄機不可量

玄機是隨時變易之玄機所謂天心是也苟識此變易之元機則三元九運之奥其纏何位落何宮者自可了然于心矣如不識變易之玄機縱談八卦論干支一切說玄說妙都盲指瞎論豈能辨得失于毫釐之間耶

八卦三元並九曜毫釐舛錯落空亡

八卦是言來山來水方位干支之純雜三元是言山龍水龍之消長九曜是言三元九運往來顛倒之機補救直達之妙此三者乃山龍平洋巒頭理氣之綱

領必須體用合宜山水兼得方爲盡善盡美稍有一毫舛錯即落空亡而吉凶頓殊矣

問君八卦如何取洛書大數先天矩五帝三王緯地書九州九井皆從此

此章推原理氣所由來也朱子曰天地之化往者過來者續陰陽寒暑晝夜之變遷陰生陽陽生陰寒而暑暑而寒晝而夜夜而晝即易所謂一陰一陽之道往來而不已也其理不偏不倚其氣並行不悖理也者形而上之之道也生萬物之本也氣也者形而下之之器也生萬物之具也是以萬物之生必本此理

然後有性必本此氣然後有形又云太極理也動靜氣也炁行理亦行二者常相依而未嘗相離也理者天之體炁者天之用太極之動靜即天心體用之變易也

只把元龍一卦裝莫憑三八分條理識得九龍龍骨眞龍若不眞飛不起

此章申言三元九運五行顛倒之機不以干支論順逆者乃爲眞訣一卦眞則九曜旋飛乃靈耳

九龍八卦貴乘時上下三元各有宜葬着旺龍當代發葬着平龍發跡遲葬着死龍憂敗絕縱然合格也難支

不是八神齊到穴出元之局莫相依

九龍即九運八卦即八方九龍八卦是盈虛消長之機往來進退之理既有往來進退則三元九運各有衰旺理所必然所云八神齊到者謂來山去水方位干支坐山朝向處處得宜之意也一有不合切莫相依

定局惟看貼水城豪釐尺寸要分明

豪釐尺寸是言貼身小水方位干支遠近長短闊狹重輕之辨此平洋裁穴定向之要訣也稍有不合便成差錯豈可忽乎

更有照神能奪氣外洋光透失宮星

照神者卽登山所見遠水也有有水而不見者有見水而光甚大者有見水而形勢浩蕩卦爻雜亂者謂之光透又名奪氣種種結局美中不足都是小不勝大近不敵遠輕不敵重之弊如用法不合自有吉凶不一之患必須大小兼收遠近得宜爲妙能將五吉用于浩蕩錯雜之處斯爲作家至要之訣

吉星若重平分勢照神若重獨持衡外照過多分氣亂必定分房運改更

此章言不遠不逼有規有矩及枝水大小輕重相稱

者謂之照神照者照穴有情之謂也如光芒奪目毫無照穴之情而內水又無權力以制之則元運不一房分更變勢所必然也

更有水龍眞骨髓只將對脈論來情來情若是眞元位諸局參差一半輕轉折短長純雜處此中消息眼惺惺

來情對脈即水來當面之意既有眞脈又有來情再將轉折短長細看來情兼宮照神用法得宜便是眞元交會此局一得諸局參差無關重輕也

三元既辨龍神旺九曜不純龍力喪此是山家大五行納甲爻中應天象

納甲五行是一行所造以混挨星之眞者九曜卽玄空大卦之九曜本無有吉用得則吉本無有凶用失則凶此云不純者半得半失之謂也天象者大玄空之九曜也應天象者顛倒下卦抽爻換象而合九曜也此章直指大撓觀斗杓作甲子以定元運之始也五星九曜轉乾坤稟命天樞萬化根在天北斗司元氣在地八卦顯天心

中央立極主宰七政運斡坤輿垂光乾紀流通八國旋轉四時此乃萬化之根源也天有四時地有八方天光地德秋落春榮隨時變易之機均由旋轉運行

縱橫顚倒而使然也苟能識得顚倒用法則在在之
陰陽天心一卦之端自可了然矣

四吉四凶分順逆父母二卦顚倒輪

太極兩儀四象八卦卽一分二二分四四分爲八此
卽四象八卦之所由來也卦雖分八往來之氣則一
故將八卦分作來者四個往者四個來者爲順爲吉
往者爲逆爲凶所云四吉四凶由九疇分順逆者此
也父母是變易干支之父母二卦卽一往一來隨氣
遷謝之二卦也隨時變易自有顚倒無窮之妙矣

向首一星災福柄去來二口死生門

一星卽向上所得之星也向上所得之星大關休咎故謂之柄二口卽來水去水之口也來有來之用法去有去之用法來去得宜一葬便興稍有不合卽見退敗觀此可不愼哉

青囊萬卷無非假惟有天玉是眞經四經洪範並三合八曜黃泉枉問津尤恨去來生旺墓害人父母絕兒孫能將九曜爲喉舌大地乾坤一口吞

九曜卽貪巨祿文廉武破輔弼也此九曜上應北斗主宰天地化育萬物周流六虛萬古不息名有定名位無定位隨氣運行隨時而在苟能識此九曜雖大

荒內外山巔水涯古往今來無不了了矣

變易在乎一卦元機在乎六甲雖萬法之紛紜惟一理之融貫造其極者可以濟世得其精者可以通神

山本陽精中抱陰陰精是水陽內存葬陽得陰陰漸長葬陰得陽陽驟伸

山岡雖以龍穴爲重到頭結穴之際必有眞水以應之平洋雖以得水爲主入首水神交會聚蓄之處必有眞氣結聚於其間此卽有龍自有水有水自有龍乃陰陽自然之妙也得陰得陽者卽實照所謂陰水陽山陽水陰山者此也陰陽動靜者亦此也

莫說高原無水地亦有隱穴在其際乘高臨下卽江河萬頃低田能界氣高低數尺合三元一旦榮華諸福至若坐低空在後山數世箕裘常不替

此言原隰之穴高者爲山低者爲水其起星下卦無异山龍平洋葬之得穴亦主箕裘不替

江北平原平地龍無山切莫強尋踪雖是乾流無水道溝渠點滴有神功隱隱微微看水法葬法實與江南同我向乾流指眞水能合上士豁心胸

此言江北平陽龍穴與江南水龍用法相仝

高山坦處近平田莫作山龍一樣看若遇乾流或水際

亦將此法論三元雲陽留得三元訣欲向人間種福綠

此言高山平坦之處近田積水之際亦是水龍用法

語君葬水勝葬山葬山歲久氣方還水葬吉龍並旺運

三年九載透天關

此言葬山氣緩難于發福不洋得水更兼旺運而福

蔭刻期可待故云葬水勝於葬山也

楊公昔日救貧法但取三元龍水合王侯將相此中求

無着禪師親口訣杜林往客不勝愁四十無家淚白頭

只爲尋山貪幹脈著若古道漫淹留水龍一卷贈知己

大地陽春及早收

夫平陽捉脈寓有形於無形呈無象於有象是是非非一片化機苟非實得眞傳一望渺茫何處下手予素知楊公有水龍二卷訪之十年終不可得近於西陵顧氏得之洵渡人寶筏也惜趙璧未完不無餘憾但能舉一反三觸目皆是漫演歌訣聊當漁樵唱和從此搜尋陽和大地亦復不遠云　平階識

天元歌四　陽宅

人生最重是陽基却與坟塋福力齊宅炁不甯招禍咎
骨埋眞穴刻難期建國定都關治亂築城置鎮係安危
試看田舍豐盈者半是陽基偶合宜

生居吉宅死卜佳城其理一也墳之吉凶蔭在子孫屋之禍福應在一家故迎受生氣取効自前較陰基更為切近大凡門戶迎風通氣最關禍福通往來者謂之動遮塞墻垣者謂之靜動者為堪靜者為輿堪輿二字辨別清楚再看親疏遠近干支純雜挨星得失知此則陰陽二宅自瞭然於指掌矣

陽居擇地水龍同不厭前篇議論重但比陰基宜闊大不爭秀麗喜粗雄大江大河收氣厚涓流滴水不關風若得亂流如織錦不分元運也亨通

此言陽宅之局比陰基稍異惟迎神引氣之穴亦與

陰宅水龍一般其地形水勢宜取粗雄闊大環繞曲動者爲佳也

宅龍動地水龍裁尤重三門八卦排只取三元生旺氣引他入室是胞胎一門乘旺兩門四少有嘉祥不可留兩門交慶一門休大事歡欣小事愁

宅龍者宅內所得之星也動地者往來行動之地也內戶趨避之法亦與陰宅水法一般故曰水龍裁也所云排八卦辨三元者卽辨排向首一星生旺之氣也一門兩門者言內戶承氣須門門得向首之生旺更爲佳耳

三門先把正門量後門房門一樣裝

一宅以大門爲主內房門路爲用量者先分陰陽次論順逆量度向首一星之休咎也向首既辨再觀房路所迎之氣若何一樣裝者謂門門都得生旺之氣也量度生旺之氣即挨星之得失也非量門之闊狹長短也讀者切莫誤會

別有旁門並側户一通外氣即分張設若便門無好位正門獨出始爲強

此專辨旁門側戶或左右或前后均能引氣入宅所得星辰與正門相合更吉不然謂之外氣反張吉凶

參半故與其有此門不與無此門亦見便門關係不淺也

門爲宅骨路爲筋筋骨交連血脈勻若是吉門兼惡路酸醬入酪不堪斟

一宅之吉凶均由門而定一宅之盛衰都從路而進故謂之筋向首既得吉氣猶須吉路引進也倘門吉而路凶宜改移之必須筋骨血脈一氣貫通方爲盡善如吉凶夾雜者何異酸醬之入酪也

內路常兼外路看宅深內路抵門闌外路迎神并界氣迎神界氣兩重關

此專辨看路之法外路是宅外街道田塍之類內路是宅內行動之路內外兩路用法各殊外路宜合向首生旺之氣內路宜引生氣入門內門氣弱宜用內路作外路看法宅深內路遠近不同大遠則氣不呼應宜以近門內路爲用也所云迎神界氣都在遠近中分也近則爲迎神遠則爲界氣卽外路看法然都以遠近親疏而分休咎也

更有天風通八氣墻空屋闕皆難避若遇祥風福頓增

若遇煞氣殃立至

此章言陽宅風氣有生旺衰煞之異不可不辨也

矗乜高高名嶠星樓台殿宇亦同評或在身傍或遥應能廻八氣到家庭嶠壓旺方能受蔭嶠壓凶方鬼氣侵此專言廻風反氣之法必先辨清玄空之得失嵩壓之遠近而占休咎也城市以墻傾屋缺爲凹風左右前後隣屋特高者爲嶠星所云旺方凶方祥風煞氣均不在形跡上看須從玄空上尋如村居氣散應驗稍輕城市氣聚應驗最速

衝嶠衝路莫輕猜須與元運一例排衝起樂宮無價寳衝起凶宮化作灰宅前逼近有奇峰不分衰旺皆爲凶抬頭咫尺巍峩起泰山倒厭有何功村居曠蕩無關鎖

地水兼門一仝取城巷稠居地水稀門衢路嶠僉司權一到分房宅氣移一門恆作兩門排有時內路作外路入室私門是樞機當辨親疎僉遠近抽爻換象出神奇分房是兩三家同住一宅或一二十家仝住一宅是為分房看法以一家私門為主諸家往來之路為用故云內路外路樞機私門是也親疎即內路遠近之屬抽爻換象即物換星移吉凶變遷之義且近路亦有清紬錯雜之異遠則方位必移方位移則所承之氣不一所住之宅亦不一也

論屋神祠理最嚴古人營室廟為先

神廟關一村之興衰宗廟係一族之休咎地氣形勢均與住宅一般惟向首一星尤爲緊要也向首一星宜得官貴文秀之氣平和悠遠之神補救直達兼貪兼輔兒孫自多賢良孝友切忌頑鈍剛燥之氣到向也神廟仙壇亦同此推神祠即祖堂香火也其承接之氣口關係一族安危故以向首一星爲先也至於上房内戶門路井灶亦宜兼看還以宅中色氣爲禍福之主宰夫宅中之色氣不一畧舉大概言之紅黃曉亮者爲吉氣滋潤紅黃有光彩者爲生氣清明和煖有欣象者爲旺氣惟淡白無光者爲退氣黑暗陰

條者爲死氣冷落乾枯者爲衰氣倘見衰敗之氣向首門路雖得生旺亦主禍患急宜修整法用油漆彩餙亦挽囘之一道也

夫婦內房猶特重陰陽配合宅根源八宅因門向坐空三元衰旺定眞踪進遇遷流宅氣改入家興廢巧相逢

此言八宅以門爲定不取坐山全憑向上氣口氣口生旺宅卽興旺是氣口爲一宅之主也內房亦不可忽總以配合爲內房之根源故曰夫婦內房猶特重也

此是周公眞八宅無着大士傳流的天醫福德莫安排

誰見游年獲福澤逢興鬼絕更昌隆遇退生延皆困廹

大歲神煞莫加臨禍福當關如霹靂門內間間有宅神

値神値星交互測此是遊年剖斷機不合三元總虛擲

此辨小遊年翻卦之謬而歸重于大玄空之九曜也

九星層進論高低間架先天卦數推雖有書傳皆不驗

漫勞大匠用心機

此辨層進九星間架卦數之非而嗟嘆世人空費心機也

俗言龍去結陽基此是時師識見庸欲取陽居釀家福

山居不及澤居雄

此章論陽基行龍與陰地一般無分優劣只以開陽爲主而歸重於澤居之雄也

山龍宅法有何功四面山圍亦辨風或有山溪來界合兼風兼水兩相從若論來龍休論結結龍藏穴不藏宮縱使皇都並郡會只審開陽不審龍

此節專論山居宅法凡山居低凹之處即有風水來去其間看法風主一般若半山半水之宅宜以山龍兼水龍之法參用知此可以立向矣

陰墓蔭骨及兒孫陽宅氤氳養此身偶爾僑居並客館菴堂香火有神靈關着三元輪轉氣吉凶如響不容情

透明此卷天元宅一到人家識廢興

陰地蔭及兒孫陽居蔭在一家卽偶爾僑居客舘庵堂香火之間關着三元吉凶消長之機僑居者不可不愼也凡宅之前後左右有村庄者有土墩者屋脊橋梁城樓神廟寶塔亭閣之屬在陰宅爲空氣在陽宅爲嶠星亦能廻風返氣或旺或煞應驗如響先宜辨淸方位干支高低遠近再辨玄空之得失從中趨避自無不當也惟紅墻宜尅宜泄嶠星宜生宜扶並得官貴文秀之神卽因物付物之一法也

陽居比陰宅元運更重歷觀得元失元之宅興廢不

來毫髮陰居尙有遲速之分陽居則一逢衰旺如響斯應其稍有不同者陽居宜局大氣厚不比陰宅之一綫受氣若陽居務宜局面端整天井大小配合得宜更得門向之進氣陽空之風氣道路橋梁之來氣祠宅房牀之受氣有以引之迎之界之配合之其法在斯讀者不可忽畧也

天元歌選擇

地利天時古聖言堪輿二字義相連衹說江南無大地只取年月日時利眞龍大地遍江南也要天時一力參初年禍福天時驗歲久方知地有權

得龍得穴得砂水輿道也得日得時得七政堪道也
堪者天也輿者地也孟子云天時不如地利斯二者
不可偏廢也若得地而不得天猶之播種不得其時
定有槁枯之患得天而不得地猶之男子無室自無
生育之機也由此推之時地之關繫更非淺鮮也
諸家選擇最紛紜拘忌多端誤殺人此家言吉彼家凶
對盡諸書總不同五載三年精一日萬般福曜皆成空
古來天子七月葬士庶踰月禮不瀆年月何嘗有廢興
日時只好論孤旺
春秋葬日滿經書但辨剛柔內外宜神灶梓慎俱博物

豈昧陰陽誤萬機諸家選擇盡荒唐斗首元辰失主張

奇遁演禽盡倒亂不經眞授莫猜詳世人越擇重干支

生命亡命苦相持致使子孫中犯眾多年不葬孝心違

此數段詳辨諸家選擇之非而歷舉春秋葬日辨剛柔分內外論孤旺觀此則七政趨避之法由來已久恐人不信又引梓愼禆灶數君子以証天星之本源無奈諸家雜出以僞亂眞但憑子評竟忘七政呆執生命亡命苦苦相持此吉彼凶紛紛不一致使仁人孝子數年不能得一吉日以葬其親甚可悲也

豈知死者已無命反氣入地爲復命復命能司造化權

生者命從葬者定古有作人造命訣不是干支子評法渾天寶照候天星此是楊公親口訣不怕三殺與都天陰府空亡俱抹殺年尅壓命有何妨退氣金神皆滅沒一卷天元烏兔經留與人間作寶筏

烏兔經有僞本不可不辨如俗所傳每月初一日爲烏兔日其日用羅計等排去者是也此法斷不可用

推原天地混沌成惟有日月是眞精金烏玉兔本一物五曜四餘從此生人生稟受太陽烝萬物皆賴陰陽明聖人觀象演歷法干支甲子作天經五行俱是陽中氣神煞何曾別有名只將日月司元化萬象森羅在掌心

金烏玉兔即日月也五星四餘從此而生五星金木水火土也四餘炁孛羅計也惟金無餘共成十一曜四餘有炁無星默行於天一切萬物俱由日月往來而生天地無心四時行焉百物生焉皆由日月爲之斡旋也聖人無意演成支干甲子所謂範圍天地而不過曲成萬物而不遺也

世間萬物各有命不但人生男女定造物制器可同推
修造葬埋咸取證日月五星大象同一時八刻一移宮
造命元機時作主毫釐千里不相通

此言萬物各有命而歸於時所謂日吉不如時吉也

先將晝夜別陰陽晝夜晨昏出沒詳十二宮中三十度
大約六度是分疆二十八宿應七政論宮論度要平分
深則論宮淺論度一分一抄不容情
此章論日月分陰陽別晝夜全在七政二十八宿論
宮論度用法不同何也太陽有深有淺故曰一分一
抄不容情也
命入纏宮變五氣日月隨命分五行五曜四餘扶日月
生尅衰旺準天平最取用星爲福曜有恩有用作干城
用若專權爲上格忌星一雜福斯輕
此言十二宮中深淺立命皆論恩用恩用專權斯爲

上格忌星一雜禍福攸分甚矣忌星之不可雜也明矣

用曜一星落何處陽時陰候分邊際冬夏二至陰陽極春秋兩分是平氣平氣陰陽用可兼尤看晝夜與宮垣畧過平氣陰陽別當極之時禍福專陽令惟求金水孛陰令宜取羅與火秋木獨宜水兼孛春土火羅金計土春在分後須陰助秋在分後宜陽輔

自交冬至到春分九十日有零陰陽各居其半此為陽中之平氣畧過則陽勝宜陰助自交夏至到秋分九十天有零陰陽各交其半此為陰中之平氣畧過

則陰勝當陽輔陽合陰合是言氣候之偏勝也火羅水孛是言隨時之取用也種種輔助之法在乎陰陽得其中和而已且水火爲中天之主宰夏令以水爲用神冬令以火爲用神乃得中和之氣反是則凶

宮神星體兩兼收度前度後要深求尤向五星探伏現逆來順去並遲留三方對照緊相隨同宮隔宮一例推拱夾有情權力大日月交援格尤奇

此言宮中之喜忌也宮有恩用之不同格有正變之各殊而歸重於日月交援也

身當旺令不須恩但將用曜作根源平令獨恩難發達

衰時得令亦無德以恩爲用眞至寶以難爲用多顚倒
以恩爲恩壽而貧以難爲恩身不保
此言恩用離合之法而示人以立命也所云至寶顚
倒壽而貧身不保等語者取用之不同也
本宮端的管初年宮若不純須會旋必取宮身俱妙合
長安花滿任揚鞭
宮指坐山身即命主坐山命主兼合爲妙或六合三
合拱照夾輔均吉如辰山戌向火爲宮主命坐奎七
木爲命主是也
此言宮星並重之妙而示人以取用也

就中暗曜最難知空地還同實地司寅戌兩宮光在午亥丑二曜子中依更有橫天交氣法寅申有曜亥宮恩巳丑卯宮亥未酉短長多寡度中移

此申言用曜之法命中有暗曜人所易忽驟視之似坐空宮一無可取假如月在寅月在戌命在午或度主在午此寅午戌三方拱照也或日在丑月在亥立命子宮子宮無星似坐空處辰時生人命在子宮日月夾照何吉如之橫天交氣法亦精妙如日在寅月在申午時生人亥宮立命此即寅申巳亥交照之法也如日在巳月在丑亥時生人酉宮立命度主坐卯

此三合而兼冲照也又如日在亥月在未亥時生人命立卯宮度主坐酉亦是橫天交氣以上總取日月照臨命宮為主其中得日月之光短者吉少得日月之光長者吉多惟看度數之短長為定評耳

果老星中此的傳星書卷卷失真詮諸般格局盡虛假升殿入垣莫掛牽

造葬山向及安命宮度總以日月照臨者為吉無情而不照者為凶此果老傳授之真法也諸書詮解俱是偽說不可信也至於升殿入垣諸格昔是今非垣局各別何必掛牽

月逢晦朔皆爲福何必蟾光三五垣但忌陰陽當薄蝕七日之內莫爭先太白晝見經天日雖有恩星無柄權

近世星家用太陽者必取望日爲得時得令殊不知晦朔之日日月合朔生命逢此無有不發何必拘拘于望日乎若是太白經天太陽失權主有災禍造葬皆忌不可用也

日魂月魄命之根五德五星應五倫掌握乾坤惟此理璿璣經緯治斯民劉公昔日佐眞主建國行軍掃大氛無奈歷官多失學增添宜忌漫評章天元秘旨今朝啟傳與羲和佐盛皇雲陽五歌號天元雖是庸言實至言

普願智愚咸解悟特將俚句廣流傳一句一聯包數義通之亦是地中仙其中奧旨須尋繹慎勿差訛累後賢

此章總結上文謂此五歌淺者極淺深者極深處處闡發天玉青囊之至理必須細心參考方能由淺而入深也　楊公造命不用干支甲子專以日時爲主看太陽某日某時經何宮何度所變何氣孰吉孰凶而趨避之卽果老五星宗經緯推宮度論七政以時作主之法也夫日月五星行度有遲留伏逆之辨當細細推算習天星者細看所用之日時所取之山向所躔之宮度短長多寡遠近親疏恩用仇難逐條辨

別清楚方知孰吉孰凶也經星卽二十八宿分佈周天各一七政也緯星所纏之宮度以辨四時定六氣也選時惟以日月爲主而日月又以太陽爲主太陽得天純陽之氣代天施化諸星皆其所統萬物皆其所化造葬者得日月照臨宮度山向雖千年月三殺太歲年尅月尅陰府退氣金神諸煞又何畏哉蓋天地初分之際日得陽光之眞精月得陰氣之眞精乘時司令替天行道月非自能爲月得日之光而爲月雖有陰陽之分其實一物而已推之五星四餘人與萬物均得天地一陽之氣所生也

用天星者須分晝夜晝用日木土計炁水夜用月火金羅陰極之時宜用太陽火羅陽極之時宜用金水月孛每月自初一二至十五六月行昏度十五六至三十日月行晨度出沒者每年某月某日某時某星見於某度某星沒於某度逐一推求可測中星九頂地平之訣自了然矣

凡度主當旺之時不須再用恩星如秋令之金宜用水孛以泄之謂之金白水清富貴可期夏令之金時當衰囚須用土計以生之此土卽爲金之至寶夏令之金以火爲難金星命主落於子丑二宮又纏土度

火星亦落子宮及土度火以土爲子金以土爲母母護其子子藉母旺則金非特不畏火尅並且因火之子而生則火反爲金星之用神再將水孛三方拱照或夾照冲照亦能發達但行限至火宮火度究屬難星不無顛倒秋令之金土星同宮或冲照夾照拱照謂之土重埋金定難發達但得壽耳緣根深蒂固故主多壽夏令之金如無土星以輔之又落在火宮火度更遇火星或同宮或夾照謂之以難爲恩必主夭亡以上專論金星餘星可以類推

造命之法總以命宮爲主以朝向爲輔葬以坐山爲重

造以山向全論先看某日某時纏某宮某度即於某宮某度開山即於某宮某度下穴必取本宮有吉星拱照及三合六合拱夾吉曜又無失陷落空自然獲福倘本宮有凶星夾照吉曜失陷落空定主破敗如五月太陽在未安命卯宮本宮有凶星尅制命宮犯者必致夭亡造葬逢之亦多不利要之惟以陰陽相得爲佳故青囊經云陰陽相乘禍咎踵門此之謂也

擇日之法在於善候大星而化命不與焉蓋人死則形消氣返有生之理已終而復追求其始生之年以配四柱忌其冲尅避其凶殺求其生旺擇其祿貴此眞不明

理之言也大凡人事莫不因乎天而成乎地鑿穴而深藏之所以收地氣擇日時而後下所以受天氣故古人謂之造命造命謂何乃亡人再造之命也山水龍向本自天然然未穴之前猶如大虛渾漠無著鑿而穴之則如混沌之初開萬象之初立地之靈氣有所依附如人之初出胎然后此之災祥從此時始故謂之造命也其法全憑日月恩用之拱夾定格以晝夜之分宮定局再以格局定日以日之纏度定時以時定命以命定恩以二至二分之時令定用審山向之正偏論入宮之深淺推卦氣之衰旺觀穴形之強弱日煖風和月明星朗雲

霧不生山川明媚則天精地華合爲一氣而毓秀無疑矣至於應驗之期總以三合吊冲塡實之年月斷之若夫諸家神煞在所不拘神殺雖多不能出於五行之外五行有日月星以爲之主而五星又生於日月之兩儀天地雖廣經之以度但得日月五星到宮又向神殺之有哉

造命之法所重在時以太陽所纏宮度加於時之宮度推之而恩用仇難判矣葢陰陽晝夜時刻之分只在於日日出則明而爲晝以行化於天日入則晦而爲夜以育精於地是以造命立於卯取日出而發生之義葬命

立於酉取日入而成胎之義假如冬至后日纏箕斗之丑宮若用丑時則宮辰不動造日立命於卯屬火葬日立命於酉屬金若用寅時則日同箕斗之宿亦在寅宮而寅宮心尾之宿移而至卯申宮昴畢之宿移而至酉則造日當立命於寅屬木葬日當立命於申屬水其餘倣此推之十二宮辰所屬以午未爲天子丑爲地寅亥卯戌辰酉巳申則自下而上春夏秋冬配之蓋取日月相對之義故寅爲春木而申爲冬水也

五歌總論

夫捉脈點穴無非乘氣其理實從盈虛消長動靜互根

之機忝出山平本屬一體特淺近者拘泥形迹忘其本原耳大鴻蔣公述前人之遺意作天元五歌則於尋龍捉脈點穴收水挨星造命乘運山平陽宅諸法儘備於斯永爲地學之正宗導河探源極其精微何難與楊曾合轍彼三合諸家拘方位論生旺直坐井觀天耳

天元五歌選擇總註　附五歌總論後

第五節言楊公造命不用支干甲子專以日時爲主看太陽某日某時纏何宮何度所變何氣孰吉孰凶而趨避之卽果老星宗經緯看星辰推宮度論七政吉凶之法也夫七政者日月五星是也日月五星行有遲速光

有大小當細細推算卽此用之日時及所用山向與日月五星所纏之宮度短長多寡遠近親疎恩讎仇用須辨清楚方知孰吉孰凶之決矣經星卽二十八宿分布週天蒼龍七宿角亢氐房心尾箕朱雀七宿井鬼柳星張翼軫白虎七宿奎婁胃昴畢觜參元武七宿斗牛女虛危室壁是也其中應日月水火金木土此是經星之五行每方各七政緯星所纏宮度均以經度辨四合定六氣也後人不解造出渾天甲子盤牽扯到演禽上去用二十八宿之金水日月以斷龍山向之吉凶又造盈縮六十龍爲生旺五行盤之外層又分三百六十度將二

十八宿註明度數分定紅黑點紅吉黑凶豈天上星晨是泥塑木雕吉者永吉凶者永凶而終無變耶楊公所用天星日月爲主務必側重太陽諸星所統萬物所化果得日月照臨本度則年三殺太歲年尅月尅退氣金神等殺何足畏哉

第六章言天地初分之際日得陽之眞精月得陰之眞精秉權司令替天行道月非能自爲月也得日之光爲光雖有陰陽之分二物實一物而已即五星四餘人與萬物亦得天地之陽氣而生聖人仰觀天象占斗綱所建以造干支甲子記年月日時作歷象授時記數之書

第七節言造命元機在乎時刻分秒有分秒稍殊而吉凶頓改失之毫釐差之千里命吉則吉命凶則凶總以日月五星纏何宮何度爲定許法將某年某月某日某時某刻日月五星所纏之宮度一一查准再查所坐所向之宮度及命主所安之宮度與日月所纏之宮度三合六合到山到向等項宜以太陰太陽光所照及參度爲妙光有大小星有宜忌極有高低當細細推之方不至毫釐千里之誤有初看在光所照之度內細推或不及差有一度兩度有差三四度者當以所用之時刻分秒前後以湊之此即實照候天星之眞旨也

第八節言天星須分晝夜晝用日木土炁計水夜用火金羅陰極之時宜用日火羅陽極之時宜用金水孛初一二至十五六月行昏度十五六至三十日月行辰度出沒者每年某月某日某時某星見於某處某星沒於某位當細細推求以分別之可測中星而地平之旨亦瞭然矣

第九節言天有十二宮每宮三十度兩宮交界之處每邊各有歧度一宮不用十二宮合算而成六宮度故云大約六度是分疆羅經內六十龍虛三度過子宮乾隆二十七年數理精蘊及七政萬年書是斗二十度過子

宮已差二十三四度以地而論相隔萬餘里以時而論七十年差一度相去一千四五百年所差更殊矣羅經解云虛危之間針路明南方張度上三乘蓋指虛末危初度爲正子方張三度爲正午方今　御製數理精蘊女六度爲正子差二十六度柳七度爲正午差三十一度今之時師執定開熙時盤以談天星其不至於誤世者幾希矣故云盈縮授時毫末細按授時歷一書大約是漢末晉初之書所用之尺與今逈異目下星家總用谿口歷是女二度過子宮乾隆二十七年十二月十六日卯時斗二十二度入子宮較之谿口歷亦差十度

相去不啻萬里況十二宮分度有盈有縮並非板格之死度者可比其度有零者有少者今執三十度之死尺推算星辰豈有靈驗所以量天有差也以下諄囑用天星者不可用庚寅之老盤亦不可用谿口歷之舊尺也欽定新頒量天尺及日月五星過宮時刻某日某星行某宮某時纏某度經度緯度經星緯星必要算得絲毫不差深則論官者如日纏牛金三四度算至牛金五六度總屬金也猶未大差故曰深則論官如牛金七度與女土初度係土金交界之際土金各別應當論度倘若稍差言金是土言土是金命度各別吉凶判然所以日

月五星躔度之分秒不容絲毫差錯者此也葢緣日躔牛化金躔女化土躔虛化日躔斗化木躔箕化水躔心化月躔尾化火緯星俱隨經星而變卽命至度至亦隨日所躔而分五行既分之後便以生尅制化論吉凶生旺則吉衰尅則凶此吉凶並非干支子平之吉凶究之日月五星所躔與所坐所向之宮度及命主所安之宮度生旺仇難以論吉凶也如身命得恩以生之又得用星以助之恩用得宜卽爲吉曜倘遇仇難尅泄便是凶星

第十節專言用曜一星看他落在何宮何度要分陰陽

二候冬至陰極夏至陽極陰陽二字可以冷熱辨之春分秋分不冷不熱是平和之氣日月五行儘可兼用然非大概混用要分晝夜晝用日木土炁計夜用月火羅孛並要分清用神落在何宮爲樂落在何宮爲難如仇如泄一過兩分之後陰陽各別春分之後陽氣太盛天氣日煖秋分之後陰氣大盛天氣日冷所用之星大過宜泄不及宜補秋木金尅宜用水孛以生之春令之七爲木所尅用火羅以補之夏令之金爲火所尅宜土計以培之冬令之火爲水所尅宜木炁以助之以上皆是身當衰令宜用恩星春分之後陽氣日盛不拘何星爲

度主大約用水孛金以助之者居多秋分之後陰氣日盛不拘何星爲度主大約用木火羅以補之者居多也

第十一節言本命之命宮及宮辰星體俱要落得好如兩宮交界之度及同宮換宿之度水火頓殊金木互異分秒俱要算明絲毫不可差錯又須查明五星行度如當遲留伏逆雖爲本命之恩星亦不能爲福如當順行及現在吉宮之星或爲身度或爲恩用便爲福曜再用日月之法或以命宮三合弔照或以度主三合中照或以度主三合弔照總要緊緊相隨相照者有情爲要再以日月與本命同度同宮否則與日月隔宮爲引從福

力最厚上吉

第十二節言度主當旺極之時不須再用恩星如秋令之金應用水星以泄之方合金白水清夏令之金時當衰令宜用土星以生之夏令之金又以火爲難如命主金星落在子丑二宮又纏女土度火星亦落在子宮纏女土度火以土爲子金以土爲母母護其子子又藉火而旺則金非特不畏火尅并能因火之子而生則火反爲金星之用神再將水孛三方拱照或夾照冲照仍能發達但行度至火宮限究屬難星不無顛倒秋令之金土星同宮或冲照夾照拱照謂之土重埋金不能發達

但得壽耳緣根深蒂固故主多壽夏令之金如無土星以輔之又落在火宮火度更遇火星或同宮或拱夾必主夭亡以上專論金星餘星可以類推

第十三節言造命以命宮爲主造以朝向爲主葬以坐山爲主旣用造命之法某日某時纏某度卽於某宮某度開山卽於某宮某度立向必須某宮有吉星拱照并三合六合拱夾吉曜又無失陷落空之差自然獲福倘本宮有凶星夾拱再將吉星吊照又遇失陷落空定主破敗如五月卯宮安命纏亢金度金星落在申宮觜火度火星坐在亢金度則本宮有凶星尅制命宮犯此必

主天亡造葬逢之亦多不利故必須陰陽相得方能平穩

第十四節申明用曜之法言命中有暗曜驟視之似坐空處一無可取假如日在寅月在戌命在午或虔主在午此是寅午戌三合拱照或日在丑月在亥子宮並無星曜似在空處如辰時生人立命子宮日月在兩宮夾照何吉如之

第十五節言橫天交氣之法如日在寅月在申午時生人亥宮立命此即寅申巳亥穿照之法如日在巳月在丑亥時生人酉宮立命虔主坐在卯宮此是三合而兼

冲照又如日月在亥月在未亥時生人命主卯宮度主坐在酉宮卽是橫天交氣以上總取日月照臨命宮命度爲主其中有得日月之光短者則吉少有得日月之光長者則吉多惟看度數之長短爲定評耳

第十六節言造葬山向及安命宮度總以日月照臨爲吉無情而不照者爲凶乃果老傳授之眞法星家詮解之書俱不得眞傳至於升殿升垣等格昔是今非垣局各別何必掛牽

第十七節言世之星家用太陽者取望日爲得時得令殊不知晦朔之日日與月同宮同度生命逢此無有不

發何必拘拘於望日乎所忌者日蝕月蝕之候七日之內日月無光命宮逢之不吉若夫太白晝見乃是太陰失權所致主有災禍命忌造葬亦忌

尅擇家言岐路襍出蔣公於第五歌特抉其精讀者猶多茫昧癸未冬游荆溪晤謝君侍霞亦究心於地理出示此註不傳姓氏余嘉其言之不謬厥旨明白曉暢頗有裨於初學爰取畧加點定附梓於後以公同好甲寅夏四月錫山無心道人識於白氏精明舍

選擇辨正序

蔣平階先生曰人生休咎兼受乎天地脉吉凶關於五

行而地有五行實因天有五曜五曜凝精於上五行流氣於下是天地形氣合而爲一而死魄生人氣脈貫輪亦無不一禍應之來誠有不期然而然者矣故青囊經云天之所臨地之所盛形止氣蓄萬物化生氣感而應鬼福及人經典之說明矣竊觀氣數興衰本氣數之循環壽夭窮通實五行之變化蓋天道周旋亦由黃赤二氣斗由赤道左旋日由黃道右旋各纏經度無一息之停留星斗轉運照然目睫何造命選擇者不遵活潑之陰陽反用無稽之神殺而氣數天星置之弗究有斯理歟夫造葬之法只選山頭當旺更取日月五星到宮迎

其愚用避其仇難則天精地華合爲生旺又何神殺之有吳景鸞亦用關僞數條今引此章以作明証云自一行造銅函後通書差謬由此始矣詩歌競出以訛傳訛愚民怕官非捏出數十官符貧民愛牧蓄捏出數十血刃修造而捏倒架屋楊葬埋又捏重復重喪前賢辨駁不勝枚舉拨諸家通書俱云日月爲尊五星爲吉奈何主意荒唐邪正兩立又從干支以起神殺依長生以起八字自相背謬安忍而不辨之哉更者以亡人死生之年配其四柱忌其冲尅避其凶殺擇其祿貴何其愚也楊公云人生有命死安有命以葬期年月選成八字即

亡者再生之命合富格者乃亡人富命也合貴格者乃亡人貴命也則選擇吉凶存乎其人故古人謂之造命造命者何先推山向元運得失眞機次察七政恩用拱照定格以晝夜陰陽分宮定局又以日之纏度定時以時定命以命定恩用乃造命之玄機也後之學者勿以不才力闢斗首數種爲非專舉天星一家爲是細思此論上合欽頒七政經緯見之眞理之確誠爲古今渡人寶筏實萬世不沒之良法也故特表而出之

天星造命歌　四章

天星首章

天機妙訣值千金不用行年與姓音只取天星十一曜
臨山到向鬼神欽山頭合吉造化本當元旺相是天根
天經地緯是玄機日月星光福澤深可笑今人無見識
干支八字去推尋妄想子評眞格局豈知地德不相親

天星二章

楊公造命本眞傳可笑時師識見偏果老星中全不揣
子評八字作淵源貴祿堆干非妙訣地支三合是胡言
陽光照處皆眞吉壓命空亡禍不沾諸般神殺盡虛假
陰府都天無忌嫌天機密旨歌中洩不遇知音莫亂言

天星三章

選擇之書數十家紛紛不一亂如蔴殺多僞造神多假
語有荒唐說有邪聚訟盈庭誰作主聘訶信口豈無差
其中奧旨如能識地合天心處處嘉
天星四章
七政四餘借日光都隨晷影錫禎祥官符冷地原無影
年尅月尅總不妨那有金神逢炙退何曾掃地諸空亡
干支八字休推算卜吉惟宜用太陽
楊公太陽歌　共六章
太陽首章
二位尊星宜值日金烏玉兔本眞的木炁水火同到山

朝拱夾輔爲愈吉三元合格最爲上或木或金皆宜用
用神不可有損傷恩星最喜逢健旺恩用當天喜相逢
須避仇難與刑沖天星有烝臨山向惡曜低頭不降凶

太陽二章

日月星辰繫于天度宿差移各有纏惟喜主恩能司令
莫使仇難得乘權陽亢水孛臨山上陰盛火羅照穴前
二至兩分施妙用中和發育自無邊

太陽三章

太陽一日一週天位位方方遞傳旋到山到向都有福
值日值時總無愆沾濡地德猶居後拱照天光獨占先

四七爲經纏五緯推求宮度覓眞傳

太陽四章

山頭有殺是何排七政四餘次第裁請君專把太陽照凶神惡殺自潛埋陰陽溷雜不堪言失察毫釐秉氣偏夏熱火炎宜水濟冬寒陰盛火當先兩分平氣春秋值水火土木金幷兼五曜乘時權力大日月照星無定衡宮前度後宜相得山命喜逢一氣連造命玄機時作主地德由來氣合天

太陽五章

山家造命旣合局更逢金水來相逐太陰會合是三奇

臨山到向皆為福術者只明乙丙丁豈知又有金水月
更得三星齊拱照能使生人沾福澤五星遇日須當伏
三合逢陽宜遲留太陽對宮為逆推此中消息要研求

太陽六章

神殺如何有百千皆因術士妄流傳那知星宿光臨地
誰識山巒氣合天休把干支論禍福且將經緯查飛纏
一升一降精華聚悟得玄微是半仙拱照陽光或對照
夾關左右皆為妙堪輿本是天地名上下精華都不曉

陰陽星氣眞旨

星以纏命之度為主每宮約有三十度邊傍各六處為

淺論度主如亢金氐土之類是也其中十八度爲深論宮主如子丑土寅亥木之類是也凡選擇先看日月大命主蓋人稟陰陽之眞精而生日乃天之魂月乃天之魄故人身亦一天也卽以天之魂魄爲魂魄故果老以日月爲心身之主此語最有深意何也心者魂也身者魄也不言日爲心者仙家引而不發蓋秘之也日月皆重勿生偏見晝宜用日夜宜用月此尅擇之大旨亦天星之顯然也人生晝覺夜寐晝則明其心與天下相見如日在天夜則瞑其心而退藏於密如月在淵日月本不與於五行反隨本命所纏之五行而變通之假如命

宮度主纏木日月之宮度屬水又有水孛二曜同宮或拱或照爲旺爲吉若遇宮度屬金或拱或照爲難爲凶或日遇水或月遇金晝生則吉夜生則凶易地而斷男女皆然日主心月主身若日逢恩而月逢難晝生者富貴身弱心好亦有才智明決夜生者貧賤心良身弱雖有智慧而無益若日逢難而月逢恩晝生者貧賤身雖強壯性則陰柔夜生者富貴其性闇昧雖無大智力而一生享庸庸之厚福也姜曰日月者太陰太陽也五星所從出也今反從命度之五行而變其義何居余曰日月本無與五行猶之人心本無四德而仁者見之謂之

仁知者見之謂之知如來舍利之徒因人根器淺深而變也人之兩目即天之日月也日月雖能照萬物所稟之質性不同耳夏日本可畏若病寒者見之雖炎烈而不覺秋月本可愛若愁者對之反觸其惱物性所因大抵然耳由此觀之日月因命宮而定五行隨宮度而變果老之言不其然乎造命之法先看命宮所坐何星次看恩用仇難恩者何也如木以水爲恩火以木爲恩土以火爲恩金以土爲恩水以金爲恩難者何也如木以金爲難火以水爲難土以木爲難金以火爲難水以土爲難用者何也自三月至七月爲陽令金水孛三星爲

用自九月至正月爲陰令火羅二星爲用二八兩月水
火羅孛兼用無妨忌者何也自三月至七月爲陽令火
羅二曜爲忌自九月至正月爲陰令金水孛三星爲忌
春秋兩分節爲平氣平氣之時水火兼用恩用主吉仇
難主凶恩用喜其升天仇難喜其入地恩而強者吉中
之吉恩而弱者福力次之強者命福田財四宮爲上妻
妾男女兄弟三宮福力次之八殺更次之八殺者疾厄
是也皆作弱論本宮者命宮也本宮無星看對宮對宮
無星看三方三方者隔三宮也即亥卯未巳酉丑申子
辰寅午戌之三合也十二宮中皆如此看三方拱照爲

全力故楊公云請君專用太陽照三合對宮福德堅此之謂也假如寅宮立命水在午火在戌是也單拱則減福力寅宮有恩用而午戌兩宮只一宮有星爲單拱單拱偏拱福力稍亞於雙拱再看身命二主所坐何宮坐強則強坐弱則弱又看同宮何星如恩用在身命所屬宮星度主何吉如之日月逢生坐強富貴無雙若命主逢難坐弱格局雖好終滅福力日月坐照拱夾福力尤大日喜金水月愛火羅日本陽剛之物六陰寒候猶可無金水若逢暑月必得金水乃發月本陰寒之物六陽溫候猶可無火羅寒令無火則不發矣再值金水孛三

曜相侵則大凶矣運行此限必主貧夭日月宮度全憑五行宮度所纏之變星而斷之如午宮本畏木炁若命纏火宮度午日亦屬火得木炁爲恩星運行此限亦可大發至若五星之吉凶亦看度前度後爲輕重如命纏尾十度而九度八度有好星其福更重愈近而愈妙若在十一度十二度外次之愈遠而愈弱矣五星有遲留伏逆之分凶星退伏是殺曜避我也吉星退伏是貴人疎我也若在前退轉向我其力尤大遲則少力留則在前有力在後亦無力矣宮度星宿亦以時令爲衰旺旺時逢難不忌衰時非恩不可日月五星爲正氣四餘爲

雜氣雜氣雜猛但不及正氣之清純耳四餘落在難星十有九凶祿馬貴人羊刃亦不可忽若女命犯桃花馹馬羊刃等曜尤忌地羅所掌不可不知神而明之存乎人耳

評此果老眞傳恭之愈久而始悟其微茲舉以授同學生姜垚諸子俾得共聞其妙然天律有禁愼毋輕忽以示世也凡我同人尙其戒之時在己未下浣之吉華亭蔣大鴻識

造命約言

乾坤定位全憑日月照臨山水鍾靈盡是五行運用葬

乘生氣須步慶星訣取艮時惟求立命十一星辰星辰有忌有用三八氣候氣候看旺看衰細辨消息爲虛勿離拱朝變化二曜五行禍福發於雷應三方四正吉凶捷如神交天干縱具財官豈若用神得地地支徒堆祿馬莫如恩曜司權羣星守照多端合格爲上一曜持衡獨用得拱爲先日爲身月爲身當分晝夜宮爲主度爲主當別淺深水火二星應辨陰陽之異用孛羅兩曜當兼節氣之平分四神環衛宮垣福難限量七政拱朝命度貴不可言前朱雀後玄武莫教離忌之侵臨左青龍右白虎當査經緯之拱夾時行宮日行度二太陽神奇

莫測天翻地覆翻虛兩星盤顛倒雞宿五星聚穴還觀伏現遲留眾曜聚山更察親疎向背送死養生命有陰陽之別開塋構室宮隨身命之分合星守向諸殺無權身眾當天一人有慶恩星騎入首之龍庭誇荀淑用曜据貼身之水室羨附朱水口合合星一卦福力綿綿星盤符地局三元英才濟濟身行難度恐見刑傷命坐忌宮終防夭折冬令孛奴犯主變色亡家夏時羅計當天圖名破產木炁衰殘無助徒守其竅計羅燥濕非時空爭蝸角若侵四季鎮星爲災自惹倘犯三秋太白盜患頻來身當薄蝕之期災纏訟獄金值經天之候禍起刀

兵益日月隨命垣之氣化而五星取宿度之神扶故選
擇惟重天星司禍福全憑造命

註以太陽之度對着命宫之度即是命度假如太陽
纏子宫虚六度對着午宫星五度即爲命度又如日
纏女三度對着午宫柳四度是也

天星造命指南

用天星者須分晝夜晝用日木土計炁水夜用月火金
羅陰極之時宜用太陽火羅陽極之時宜用金水月孛
每月初一二至十五六日月行昏度十五六至三十日
月行晨度出没者每年某月某日某時某星見於某度

某星沒於某度逐一推求可測中星九頂地平之訣自了然矣

摘註首段

凡度主當旺之時不須另用恩星秋令之金宜用水孛以泄之謂之金白水清富貴可期夏令之金時當衰囚須用土計以生之此土卽爲金之至寶夏令之金以火爲難金星命主落於子丑二宮又纏土度火星亦落於子宮及土度火以土爲子金以土爲母母護其子子藉母旺則金非特不畏火尅並且因火之子而生則火反爲金星之用神再將水孛三方拱照或夾照對照亦能

發達但行限至火宮火度究屬難星不無顛倒秋合之金土星同宮或中照夾照拱照謂之土重埋金定難發達但得壽耳緣根深蒂固故主多壽夏令之金如無土星以輔之又落在火宮火度更遇火星或同宮或夾照謂之以難爲恩必主夭亡以上專論金星餘星可以類推

造命摘註次段

造命之法總以命宮爲主以朝向爲輔葬以坐山爲重造以山向同論先看某日某時纏某宮某度即於某宮某度開山即於某宮某度下穴必取本宮有吉星拱照

及三合六合拱夾吉曜又無失陷落空自然獲福倘本宮有凶星夾照吉曜失陷落空定主破敗如五月太陽在未安命卯宮本宮有凶星尅制命宮犯者必致天亡造葬逢之亦多不利要之惟以陰陽相得爲佳故青囊經云陰陽相乘禍咎踵門此之謂也

日時務用正文　孫竹田著

擇日之法在於善候天星而化命不與焉蓋人死則形銷氣散有生之理已終而尚追求其生年以配四柱此眞不明理之言也大凡人事莫不因乎天而成乎地鑿穴而深藏之所以受地氣也擇日而安厝之所以受天

氣也故古人謂之造命造命者何謂山川形勢本乎天然然未穴以前猶如太虛渾漠無着鑿穴以後則如渾沌初開萬象已著枯骨沾氣地靈即發夫母胎已定一聲呱地貴賤攸分貧富已定則日時之所係不綦重哉造命之法以此山之地局合此刻之天星倘命格不合地局終非尅擇之用故選日者以日月之恩用拱夾定局以晝夜之陰陽定局以局定日以日之纏度定時以時定命以命定恩以二至二分之時合定用審向度之正偏論入宮之淺深推卦運之衰旺觀穴形之強弱日暖風和星輝月朗山川明媚雲霧不生則天地精華合

爲一氣而毓秀無疑矣天元五歌言之最詳細玩自曉古者葬不擇期惟取天日晴和此至當不易之理不加紛餙者也後人理不勝欲生出許多拘忌來若干冲犯若干神殺翻書藩案觸目難堪三年五載難得吉日何古人之愚而今人之智耶目下通書不一甲是乙非日家聚訟同室操戈停柩累世全歸於盡甚可悲也其或詢謀僉同人人共慶乃吉未見而凶禍迭至於是人心惶惶畏獨如虎不思獲吉但求平安何幸如之嗟乎日時何嘗不太平人心自不肯無事耳豈日時之咎哉夫葬道喜陽而惡陰日時何獨不然觀於天光下臨之理

古人已明言之本是平易無甚奇特雖是愚夫愚婦亦可與知與能而明者不察反求渺茫之奧惑之甚矣今平列宮度指陳十一曜發明葬經地德上載之義使天下仁人孝子吉凶無不共曉則一年三百六十日日日可以安葬日時特其餘事耳

孫廷南天星引言

向聞慈溪孫先生名廷南字世曙景堂其號也著有五星造命乙丑清和余遊松陵景堂後人出其先人五星擇日論余翻閱之與余所得天星不甚相遠但此書蘇鄙改爲天元餘義朝夕之暇究心此篇不免有鼓瑟膠

枉之病姑釐正之以俟知音

五星擇日論

嘗聞地德上載天光下臨二氣冲和萬彙毓秀是以仰觀象緯先王敬授人時俯察山川聖人裁成地道然山川之徵應遼緩難期象緯之休嘉昭明易驗盛衰興廢本氣數之循環壽夭窮通實五行之變化休旺雖歸氣數安危先在星辰故氣數未來難發山川之秀星辰既得易顯化育之功

氣數未遇惟藉葬日之天星可以發福於初年卽氣數已逢而葬日亦不可不合天星也三元甲子子午

卯酉爲上元寅申巳亥爲中元辰戌丑未爲下元五行卽天星之七政非干支之五行學者切莫錯認穴吉葬凶縱吉土不能見效時良日利卽頑山亦有餘榮故擇日不重干支選時必資星象

自異端橫起邪說流行習染已深賢愚共囿詎知日月爲乾坤主宰五星實造化神樞但精微久晦而難聞學士何由而啟悟畧陳大概敢質高明

日月爲發育之眞機五行爲造化之根本氣之流行疾於桴鼓七政相生吉凶互見非時說紛紜茫無效驗之比故畧吐露一二以明眞僞之不同耳

夫後裔亢宗歸功於陰地亡人復命取效於陽星星掌生命之權造命之機神迅速地主司成之職形勢之感應濡遲分道揚鑣同途異轍故興衰禍星光之功用榮枯本登穴之星辰時日正祥朝封夕熾天星乖謬日穴暮悲

旺運未交必藉葬日之吉星以生化命其效在於陽星以地靜而應遲天動而應速故功效有不同也以下俱言五星作用

蓋星昭生煞之神象列宮垣之數五星隨垣而定八神依數而分有一曜之生神有一星之鬼煞必生收而繁

去始鬼避而神迎

五星有生煞之分命垣有五行之辨助命垣爲生神尅命垣爲鬼煞日月爲陰陽之主木炁乃福德之神水火土金隨時而定其衰旺亦隨宫隨命而定其生煞也經云藏神合煞鬼避神迎出煞收生日時大利

彗入天中先看經星之深淺計橫地而復觀日月之盈虗退逆遲留當加詳審犯侵伏現更用深求異度而同宫災祥無涉異宫而同度禍福攸關得失憂虞必考衆星之入地吉凶悔吝先究諸曜之當天

彗即孛星一入中宫即名經天命前三極爲中宫要

看深淺彼深我淺彼淺我深不相干涉須論時令冬寒禍大夏令反受其吉計能掩日月之光朔望遇之則凶觀其盈虧即相近亦不犯災凶星退逆爲吉遲留亦然難忌犯現爲凶恩用則吉同度各宮如星纏申宮井度命亥木垣井木雖隔宮而關係最深若命坐角度星麗亢金即同宮而實無干涉天地兩宮一生禍福攸關故當攷究午宮高居頂上古人以官祿名之左福德相貌右遷移疾厄此五宮之星皆宜見於天者也子宮水土卑下古人以田宅名之左兄弟右男女皆共此田宅者也兄弟之左爲財帛是與我

共有者也男女之右爲奴僕是服役於吾家者也此五宮之星皆隱於地中而不現者也左右前後宜細加審察方可選用

水火福澤之基宜分冬夏木炁壽元之本不論春秋

水火活命之根須看何宮何度要分冬夏恩仇木炁福壽之主春秋俱重冬令猶溫惟夏令太旺壽有餘而文不足也炁星若現即名景星主大祥瑞

歲星所在爲珍若對衝則反爲咎太白出東爲德如西現則轉爲刑

木炁守命一世正祥若夾輔追隨亦爲大利木星所

臨之處最吉對冲之方卽凶金星在東則收斂在西則放縱日前爲東日後爲西金星爲恩難者須分東西而斷幷看時令若入中宮則爲晝現恩則平步青雲難則凶禍立至不可不細加詳察

水輔陽光冬令無立錐之地火隨日影夏時有恩祿之憂

冬令重火若水星輔日或守或照俱孤苦貧窮而祖基淺薄夏時重水若火星輔日或入地當天主刑傷囘祿而家業蕭條如水火爲難而又値忌星則身家不保矣

冬夏二至不同恩用原無專主寒暑兩時自與土金別有真詮故節氣平分須陰陽之互用春秋中正惟水火之雙清

冬夏二至寒暑之極專重水火若春秋中序節氣平分須水火雙用若寒暑兩時之候土金均有所忌節氣平分之際土金俱無所碍如爲恩爲難又當活看此數段俱足上文之義而推廣言之

天首亢陽童歲成孤此時日食偶逢曾見烝嘗莫保地尾侵月髮年失恃倘遇蟾光被掩佇看煢獨亡家

天首羅睺星也朔日與太陽同度則日食近則尅父

地尾計都星也望時與太陽同度則月食近則尅母同經相聚一生貧苦而刑尅更深薄蝕之時諸凡不利而安葬尤忌

計入秦州徙抱雲霄之志孛躔東井頻來庚癸之呼未宮月申宮水計星守未宮能掩太陽之光故有才而不遇孛躔東井水入秦則晉熟秦飢入晉則晉飢秦熟孛乃水之精亦於井宿則水荒更甚

羅鑠酉辰田園耗散孛攻卯戌男女荒淫廢興半在孛羅豐悴全憑水火

辰酉二宮屬金夏合羅星在辰酉守命度者一生貧

窮卯戌二宮屬火冬令孛星麗卯戌或守命度者男女多淫孛睺爲權要之星女命尤重水火爲活命之主關係更深

文武並貫美惡相兼恩難雙行窮通交半以恩爲忌身彭祖而嘆范丹以用爲仇業陶朱而嗟伯道以忌爲難流離困厄疾病顛連以用爲恩安富尊榮聲名赫奕五曜爲文四餘爲武文武雜局有美有惡恩難雙收有吉有凶木命以水爲恩冬令遇之則壽而貧火命以水爲難夏令遇之則富而孤土命以火爲恩又遇冬令是以恩爲用也故富貴兩全金命以火爲難又

逢夏日是以難爲忌也故身家不保
太乙與羅睺共度初年不利若旁施水曜則憂患方興
太陰與地尾同躔立時見殃倘再曜土星則災危更甚
太乙孛星也孛羅共度一往一來初年不利若旁照
水曜則孛之勢大而憂患更多計月同度固屬不祥
若再加土星則計之權重而災危愈甚四餘獨行往
來無碍彼此順序而相安若同經混雜順逆難齊則
彼此相爭而不讓蓋諸星右旋羅計左旋故也
星名日馬木炁則日星間隔斷續艱難鬼號金羊土計
則金鬼泥滓身家顛沛

木炁最吉之星不作難論然午宮徒有木炁而無恩用救援則星日間隔陽光過抑主子息艱難未宮土計能掩太陰如無吉星護衛則鬼金阻塞月魄無光必目盲困頓

劉賛下第慎遭中土之鋒莊子鼓盆坐受西金之尅土星凝滯之氣若當天而横照一生懷才不遇金曜肅殺之星或正受而高懸主少年有斷絃之嘆

旭日獨明於上路所如不偶眼孰回青孤蟾獨燦於中宵觸處成迷心誰吐赤故日月雙收而多助早登雲路以揚名身垣四極之俱空端向山門而寄跡

日月爲我之身命最忌單行有吉星輔佐者年少功名終身富厚若日月孤行又逢四極俱空必孤苦伶仃師巫僧道

是以天中福照七政流恩建極神樞四餘煥彩尊星傾袖諸貴莫不趨從帝曜臨垣羣邪自然退避

星曜中天照我貞慶恩用福德光燄異常如皇建有極權威巍峩諸曜環覲而相顧四餘順助而不敢爲非天有四極一紫微垣在亥二太微垣在午三天市垣在寅四少微垣在酉尊帝二星即木炁也木號歲星又名福曜主仁慈道德祿壽文章炁名帝闇又曰

景星主穎悟英聰逢凶化吉經云木炁當關羣邪自退故木炁兩星選日尤重

逢木火於天市擁金穴以堪誇會金水於太微步玉堂而仰湊紫微奎宿穎秀絕倫少微文昌英明邁俗故日居昴畢水火流瓜瓞之綿綿月宿心房木炁兆簪纓之濟濟

天市垣爲財帛宮冬合木火守之必主大富太微垣爲官祿宮夏合金水守之必主大貴亥爲辰極之樞坐奎度者主出神童酉爲青宮翰墨之所坐胃度者主生才子昴爲妻宮房爲命垣身命有水火木炁坐

鍾者主後嗣蕃衍富而兼貴世人稟日月而生日出于卯月生于酉故卯爲生人之命酉爲死者之宮此果老所定乃先天之宮命也若後天宮命日出于卯月沒于酉東西對待男左女右故卯爲命宮酉爲妻宮亦果老所定乃後天之宮命但果老有訣無書故學者無從考究偶然漏泄識者寶之

身命躍丹天之內令星擲侍奕世輝煌日月守黃道之中恩曜聯鑣共聲赫濯倘用星得令即水浮魯壇抱北海之淵才若吉曜相隨縱木打寶瓶同商山之上壽

丹天是午又名官祿黃道諸星聚會往來之所身命

值之貴者居多若得恩用輔佐必名標青史功垂竹帛春夏之交驪成蹤奎聞水泛白羊文才播於海內秋冬之月坐子臨虛卽木打寶瓶必享期頤之上壽衆曜環繞而聯繫調元黃閣官居廊廟之尊諸星後擁而前呼建旐幟門威鎭邊疆之重

文曜當天三垣如蟬聯珠貫必開黃閣而位三公武曜當天後擁前驅並無難忌侵犯必建旌節而居八座

若夫媢工甃砌本山之衰旺宜詳創造經營當令之土金莫犯是以選時選日自有活潑之眞機初非時術時

書專守拘墟之曲見

諸凡興工動作須擇旺方起手衰方卽煞方也不宜動作衰旺乃三元之氣數非三合之生煞也土金二星不宜侵犯須看天盤土金落於何宮何度莫犯[illegible]吉如日月到山到向與我無涉須擇此日此時日月諸星何度何宮化命乘此良時而登穴復生吉命福蔭後昆此乃活潑潑之陰陽故能鍾靈毓秀如時書甲乙之生尅乃子不先生推命之書板煞排算非化育之陰陽故曰拘墟之曲見

造命之法先看日月次察五星必忌難之無侵始用

恩之有據如五星背馳日月落陷經緯不相對吉凶纏岐度者俱不選用至若守儷朝貫拱夾交趨種種格局之不同宜變化用之不可拘泥也

不佞潛心七政亦已有年不遇名師奚從推測神灶之剛柔論擊世莫知楊公之烏兔經盡人不曉但星書之僞刻雖易簡而難窺惟果老爲正宗實無書而有訣故星家蒙昧龔僞遺眞而天象照回難有指示幸遇環陽夫子傳自無極先師大道甫宣得聞氣數陰陽之奧微言傳授始識天星祿命之原辨眞僞于當前轉移在我瞻星辰之在邇趨避由人

裨灶鄭大夫掌天文之官也其擇日但論剛柔專以天星爲主陽令用金水孛柔星陰令用火羅剛星楊公名益字筠松唐末人著烏兔經其選日先重日月次重五星如日月落陷而無吉星守照者俱不選用近日星書雖多不得其旨無從窺測惟果老五星照然可考果老姓張果老之號後人所稱也有仙術著有果老五星但其書深奧不得其訣無從考究環陽夫子卽平階也姓蔣名大鴻華亭人著有地理辨正天元五歌等書裨灶戰國名士也著述甚富無極先師姓冷名謙號啟敬隱於武夷山洞徹陰陽大道余

學環陽夫子因悉堪輿之奧而擇日之旨亦以透徹而靡遺非敢自炫其能庶幾有濟於世爾蓋天行最健無瞬息之停星宿相隨每因時而轉以此山之地局符此刻之天盤則兩曜凝祥五星效順天心允協陽和護大地之靈坤道揚休涵育存渾天之氣既山川之盡善復象緯之無訛豈云瑞洩爸符乾坤歸於掌握庶幾秘開靈鑰變化出於心裁不敢自私用公同志

地盤不動天盤一時一轉必以此山之地局合此刻之天盤造命雖精不合地局終無用也須恩星騎入

首之龍用曜据貼身之水日爲命務要守向月爲身必使當天所謂兩曜凝祥者守向當天也五星効馴者騎入首据貼身也如是則陽氣昌隆禎祥榮耀雖氣數未來之地初年亦自可發若得天星正交地道逢時雌雄廸吉陰陽兩宅大發何疑歷觀古書並無年尅月尅之論但傳習既久莫悟其非故不敢遽嫌而直抒所傳高明共垂教焉

孫竹翁天星駢體評語

造命之法所重在時以太陽所纏宮度加於時之宮度推之而孰用仇難判矣蓋陰陽晝夜時刻之分只在於

日日出則明而爲晝以行化于天日入則晦而爲夜以育精于地是以造命立于卯取日出而發生之義葬命立于酉取日入而成胎之義假如冬至後日纏箕斗之丑宮若用丑時則宮辰不動造日立命於卯屬火葬日立命于酉屬金若用寅時則日同箕斗之宿亦在寅宮而寅宮心尾之宿移而至卯申宮昴畢之宿移而至酉則造日當立命於寅屬木葬日當立命於申屬水其餘倣此推之十二宮辰所屬以午未爲天子丑爲地寅亥卯戌辰酉巳申則自下而上春夏秋冬配之蓋取日出相對之義故寅爲春木而申爲冬水也

查宮度要訣

一查看命身宮如臨恩用星生氣大吉

一查看命身度如有恩星用星生曜臨度為福皆重

一查對度遇生煞星曜交度禍福亦輕

一查度主遇生煞星曜交度吉則大吉凶則大凶

一查宮主星遇生煞星辰交度禍福亦輕

一查度主星遇生煞星辰交度禍福最重若纏度又同吉則大吉凶則大凶

此看限宮度之要訣也　細查宮度須看臺歷有準

九曜喜忌定局　橫看命宮

	子丑	寅亥	卯戌	辰酉	巳申	午	未
主	土	木	火	金	水	日	月
難	木炁	金	水孛	火羅	土計	木炁	土計
仇	水孛	土計	金	木炁	火羅	土計	火羅
恩	火羅	水孛	木炁	土計	金	金水	金
用	金	火羅	土計	水孛	木炁	火羅	木炁

太陽中氣過宮安命以太陽爲主大概生遇卯亡遇酉深論宮淺論度此活法也靜盤時加將遇酉字安命動盤將加時遇酉宮安命

用星．本天元歌

當令之星如夏用水孛冬用火羅春秋爲平氣春分之前兼用火羅春分之後兼用水孛將近立夏純用水孛將交立冬純用火羅春金用計都秋木用水孛　卯至申六時爲陽以日爲身酉至寅六時爲陰以月爲身命主如落寅宮木爲主星水孛爲恩金爲難

暗曜

如午宮無星寅戌兩宮有好星其光即射午地子宮無星丑亥兩宮有好星其光即夾注于子地所謂空翻成實地也

橫天交氣

如亥宮爲命垣寅申二宮或恩或用或日月分居俱隔二宮貫注卯宮爲命垣巳丑兩宮有好曜酉宮爲命垣亥未兩宮有好曜俱隔一宮貫注其隔三宮者卽三方照命也

月逢晦朔

月借日光月非本體其福力不以晦朔例優劣也但陰陽薄蝕之時七日之內斷不可用若太白經天則忌恩反招禍

以上時日趨吉避凶之所擇也四正三合用之極驗

然五星四餘皆有恩用仇難之不同又不可執一論也

如以恩爲用在夏令宜用水孛而命主恰是木星冬令宜用火羅而命主恰是土爲最吉

如以難爲用在夏令用水孛而命主是火星冬令用火羅而命主是金爲大不宜

以恩爲忌如命主七星則火羅爲恩而值夏令即爲忌命主木星則水孛爲恩而值冬令即爲忌亦不宜以難爲忌如命主金星則火羅爲難而又值夏令命主火星則水孛爲難而又值冬令大忌最不宜宮星得地如夏

令用水孛而命主則是水星冬令用火羅而命主即是火星此爲花滿揚鞭上格最吉

本宮端的管初年命宮原屬即童限擇日管到五年地氣得了日方不管

看五星捷訣

凡觀五星之法先視立命何宮何度以何星爲恩爲用以何星爲難爲仇爲忌何宮安身何星作身之主若命身恩用得時得經得度難仇忌失命失限則斷吉課而無疑矣倘仇難當天得時命身恩用居弱則斷之凶俱依此訣斷之十試十驗

七政新尺

按歷象考成新法云歲差之法今與古違堯時冬至日躔箕四度迄于今則天遠而地殊矣其法以時定命宮以命定恩用晝用陽星夜用陰星再看二至時節夏至後用水孛冬至後用火羅宮有深淺之辨度有歧末之分又有同宮喜忌之别用天星者不可不詳察也查乾隆甲子年斗廿四度入子宮嘉慶甲子年斗廿三度入子宮同治甲子年斗廿一度入子宮此尺有老新之不同也

傳道誓章

受道弟子蔣元柯派名大鴻本命生於順治丙申年十
二月廿七辰時拜投　祖師無極眞君座下　求三
元九宮山龍水龍陰陽二宅并選擇眞訣承先啟後救
世濟貧所有誓願剖心瀝血跪對　天地日月三光
之前恭行昭告仰惟　神明証明授受之後誓款列
左

一得道之後洗滌身心皈依眞道謹遵四德嚴聽四戒
　四德者一曰孝二曰弟三曰忠四曰信四戒者一不
　殺身二不偷盜及取非禮不義之財物三不邪淫妻
　妾之外皆作淫論及談閨閫發人陰私

一親傳秘道不同文章技術之師上爲祖父下爲子孫關係非小富者報酧萬金千貫亦不爲多貧者十兩五錢也不爲少終身皈依不敢忘恩負師

一得傳之後不許輕傳匪人並不敢筆之於書泄漏天機以干天譴倘遇可傳之人心誠求懇亦須追隨日久眞知誠實及爲醮

奏

天庭啟開

祖師如法盟誓而後傳授如遇不忠不孝不仁不義及貪婪無恥之人不敢妄語一字

一不敢爲不忠不孝不仁不義幷作惡等人亂指陰陽

二宅倘遇厚德之家欲爲造福者亦須聽

奏

天庭懺其夙孽拔其先亡而後從事

一得傳之後并不敢妄圖眞王覇主之禁穴亦不敢因

相契之友指點大地

一凡人家眞正誠心求指吉地不拘大小必以眞誠報

之勿以假穴誑人

一貧賤之人苟誠意正心求指吉地毋以束修不具而

却之

一不敢圖謀他家已葬之地遷其舊穴
一遇仇敵之人切不敢壞其陰陽二宅
已上諸欵如犯一事罪依
天律雷火誅擊右上
祖師無極眞君　座下及
正乙龍虎玄壇執法趙大師暨
威靈顯化天一尊人　麾下一仝證盟
大清康熙壬申年九月初五日立誓章弟子雲間蔣元
柯大鴻氏親押
附天元全義說

一勺子曰天地一氣而已輕清上浮而爲日月星辰風雷雲雨重濁下凝而爲山川土石湖海江河天氣無時不下交也地氣無時不上騰也故飛潛動植一一皆稟乎是氣而爲之而人於其間得之則富貴福壽而生不得則貧賤禍殀而死大而爲聖爲賢爲仙爲佛小而爲飛爲走爲虱爲風無非是氣也山河大地在在皆有陰宅陽宅收之則亨而通拒之則否而塞此管郭楊曾授受心法也舉河圖洛書先天後天曰大陰陽曰大交媾曰下卦眞曰起星的曰先天河圖爲體曰後天洛書爲用其發明闡晰具見青囊諸書

而於天元義蘊尚隱而未發非秘此道實重此道而并重其所示之人也所遇非人固宜三緘其口一逢知己何妨盡傾其囊與夫天元者用先天之理河圖之數爲體用後天之方洛書之位爲用上元則自坤母長女以順至中女少女主內主氣由乾父長男以順至中男少男主外主水下元則由少男中男以逆數長男老父主內主氣由少女中女以逆數長女老母主外主水或自父母而及長少或由少中以至父母有循環之妙蘊有始終之微權有順逆之主宰如上元一白司令一河圖天數也布於洛書履位蓋後

天坎即先天坤後天坎合實先天坤氣亦黃鐘爲始之道對以先天之乾非老父治外老母治內以開天闢地與二黑司令二河圖地數布於洛書肩位後天坤方即先天巽位後天坤令實先天巽氣對以先天震水非長女主內長男主外出震齊巽以經理宇宙乎三碧司令三河圖天數布於洛書左隅後天震方即先天離位後天震令即先天離氣對以先天坎水非中女在內中男在外日經月緯以風化天下乎四綠司令四河圖地數布於洛書肩位後天之巽即先天之兌後天巽令實先天兌氣對以先天艮水非少

女中闐少男外理山峙川流以主治斯世乎五黄在中寄居坤土分司於乾巽兩頭而六白則開逆數之始也其陰極陽生之時抑順極逆起之漸乎自一至四天秩天序其理順婦主內而夫治外其道陰由六至九自少及老其理逆男主氣而女主水其道陽是故六白司令先天艮也對以巽水先天兌也爲山澤通氣七赤司令先天坎也對以震水先天離也爲水火不相射八白當令先天震也對以坤水先天巽也爲雷風相薄九紫司令先天乾也對以坎水先天坤也爲天地定位乾坤縱而六子橫一順一逆一內一

外顛之倒之終而復始旋轉無窮此下卦起星認陰陽識交姤以收一元之眞氣先賢所謂宇宙有大關會氣運爲主者此也

附元空大陰陽太交媾說

一勺子曰天地兩大雌雄也山水亦大雌雄也交姤者中五之際隆然者凸隱然者凹些子靈光媾合天氣能承能止有來有受一噓一吸不脫不離也然天有氣而無形地有形而無氣必要相地之陰質以凝合天之陽氣而後眞陰眞陽聚精會神凝結於其中而不散也但思大輿茫乜何處不可乘天何處獨能

承天此其一山一水一賓一主是地下降神生甫之
區又自有地下之姤合而後能有上淸之氣能止能
蓄與大輿茫乜逈不相同也此其理最微此其義最
精古書充棟半屬僞造獨此些子不敢筆之於書今
旣一言指破復就河圖洛書明示其機使慧業人當
下領取耳河圖天一地二天三地四天五地六天七
地八天九地十洛書戴九履一左三右七二四爲肩
六八爲足五爲中央陽數奇陰數耦此河洛之陰陽
也河圖之數主順主正洛書之數主逆主變此河洛
之一體一用也先天八卦天地定位山澤通氣雷風

相薄水火不相射故知乾兌出自老陽坤艮成於老陰震離本乎少陰坎巽化自少陽後天八卦長子用事長女代母故易曰帝出乎震齊乎巽相見乎離致役乎坤說言乎兌戰乎乾勞乎坎成言乎艮此先天之所以爲體後先之所以爲用也龍分兩片陰陽取指天地爲兩片者其義甚顯指老陰老陽爲一片少陰少陽爲一片者其理最微且先天之坤艮老陰也即洛書之一六共宗而一往一來兩體合成一體何以言之舉坤之上陰爻來艮則艮變爲坤矣移艮之上陽爻往坤則坤變爲艮矣先天老陽乾兌也即洛

書之四九共處而一往一來兩體合一移乾之上爻入兌則兌變爲乾移兌之上爻入乾則乾變爲兌矣先天之震離少陰也卽洛書之三八爲朋而一消一長兩卦合一消震卦之上陰爻入離則離化爲震矣消離卦之上陽爻入震則震化爲離矣先天之巽坎少陽也卽洛書之二七爲友而一進一退兩卦合成一卦者進巽卦上一爻入坎則坎變巽矣退坎卦上一爻入巽則巽變成坎矣此老陰之所以配老陽而不與少陰少陽相配少陽之所以配少陰而不與老陰老陽相偶也蓋上元一坎當令先天之坤也而一

與六偶斷必得乾方之水中元四綠當合先天之兌也而四與九變斷必得午方之水下元七赤當合先天之坎也而二與七交斷必得坤方之水此三元九宫一山一水以成內交而外交反此可類推焉青囊序云楊公養老看雌雄此雌雄也放之則彌六合矣

太極篇

為君尋龍說眞義尺寸元微有神異若還辨脈不精微下手之時便心悸堪笑時師術未工兩水便逆夾眞龍縱曉龍為水根蒂不識陰陽亦倘蒙先天位有十二幅幅有陰陽共四六上貫乎天下貫泉泉當盡處天心復

土實不靈氣不融土空則動氣乃通通行之脉如走馬
若不止蓄氣仍空水到窮時太極明太極起處五行根
五行涵蓄生八卦一卦三山顛倒輪立穴先須觀太極
在何方位須詳識陰陽細辨莫糊塗五行方可論生尅
若貪堂局不知龍單顧巒頭失正中合盡諸書多吉利
其如淩替日貧窮

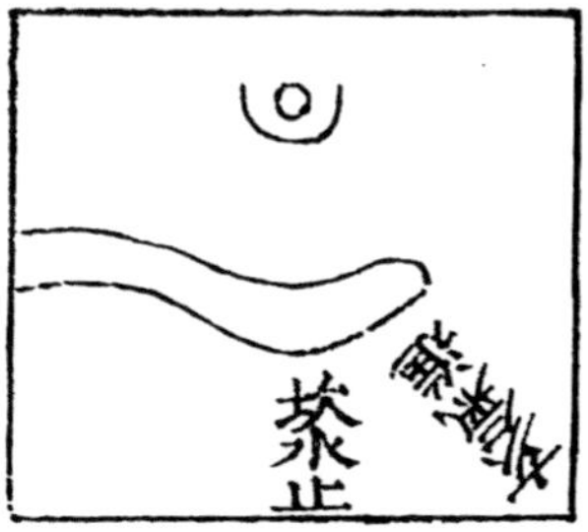

此水盡處即太極起處所謂水到窮時太極明也加以方位當令得運亦即所謂一六共宗之義也再得巽水遠照則離氣益眞又即所謂先天對待之體四九爲友之義也其爲大地無疑矣舉一卦而八卦可類推矣

先後天八卦解義

先天八卦從太極兩儀四象而分陰陽有老少之異陽生於子極於午故乾居正南陽極則一陰生故巽居西南陰盛必包陽故坎居正西陰盛則陽消故艮居西北

陰生於午極於子故坤居正北陰極則一陽生故震居東北陽盛必包陰故離居正東陽盛陰漸消故兌居東南後天八卦則取流行而成一歲之功變先天之體而顯其用者也乾居西北坤居西南非以老亢而退處於無用之地也以天之北極在亥而乾以純陽居之地之南極在申而坤以純陰居之震爲長男用事居青宮以司春令有長男以代父又不可無長女以代母故巽卽次之以居東南以陰木助陽木而資生也離爲中女坎爲中男以代先天之乾坤而居正南正北之位蓋離得一陰而中虛坎得一陽而中實皆得陰陽中之正氣故

與諸卦之上下雜稟者巽兌爲少女以居正西乃陰金之弱質不能自生者故左依乾而右附坤藉父母生旺之氣以生耳艮爲少男亦土之薄氣然艮陽與兌陰之弱質者不同猶能依人成事故居東北之位艮乃起元之會水將盡而木將繼之候也木得土有生息之機有培養之益故附長男協成一歲之功非艮其孰能任之

先後天八卦解義

八卦係伏羲文王二聖所作而分別先後天是爲理氣之源但先天卦序則從太極分動靜而生陰陽是爲兩儀從陽儀而生太陽少陰從陰儀而生少陽太陰是爲

四象從太陽中而生乾一兌二從少陰中而生離三震四從少陽中而生巽五坎六從太陰中而生艮七坤八是為八卦故易曰易有太極是生兩儀兩儀生四象四象生八卦八卦生吉凶吉凶生大業是也其卦畫之奇耦則乾三連坤六斷震仰盂艮覆碗離中虛坎中滿兌上缺巽下斷是也其取象則乾為天坤為地離為火坎為水震為雷艮為山兌為澤巽為風也其分屬五行則乾兌金坤艮土離火坎水震巽木也其分位於八方則乾南坤北離東坎西震東北巽西南艮西北兌東南故曰天地定位山澤通氣雷風相薄水火不相射是也其

分別順逆則左旋自震至乾皆得其已生之卦者爲順右旋自坤至巽皆得其未生之卦者爲逆易曰數往者順知來者逆是故易逆數也若合而論之先天卦雖以對待爲義而實出於陰陽消長之數有自然而然之妙是以陽生於子極於午故以正南爲乾乾正陽之極也陽極則一陰生故以西南爲巽巽正一陰之始生也陰生則氣必盛而包陽故以正西爲坎坎正一陽中藏而包盛陰之內者也陰盛則陽漸消而時當碩果將食之期故以西北爲艮艮非二陰之盛而一陽之漸消乎陰生於午極於子故以正北爲坤坤正陰之極也陰極則

一陽生故以東北為震震正一陽之始生也陽生則氣必盛而包陰故以正東為離離正一陰中藏而包於盛陽之內者也陽盛則陰漸消而勢處無號終凶之會故以東南為兌兌非二陽之盛而一陰之漸消乎此自乾坤之正位於南北者推之而陰陽之消長有若是矣再即離坎之正位於東西者以觀日月朔望弦晦盈虧之故其由下弦馴至於員明乃陰之消陽之息自下而漸長故左旋之卦一陽震二陽兌三陽乾有以象之也所以陽明而陰晦故月陰常稟日陽之光朔則日光背而月光晦望則日光對而圓且明也知月之晦明盈虧而

日亦在其中此自坎離之正位於東者推之而知陰陽消長之出於自然又若是矣世人但知先天爲對待之卦而不知對待中寓有陰陽消長之妙此先天所以爲理氣之體而包括無盡也

後天論

後天不同先天卦取流行以成一歲之運蓋變先天之體而言用者故其卦序不從太極兩儀四象生來但以乾之純陽者爲父而生震長男坎中男艮少男以坤之純陰者爲母而生巽長女離中女兌少女也其氣之分別陰陽則以乾之三奇爲陽而震坎艮之二耦一奇者

亦爲陽葢震坎艮三卦皆稟氣於乾父陽從陽類一奇爲主而二耦聽之故易辭所謂陽卦多陰一君而二民君子之道也以坤之三耦爲陰而巽離兌之二奇一耦者亦爲陰葢巽離兌三卦皆稟氣於坤母陰從陰類一耦爲主而二奇聽之故易辭所謂陰卦多陽二君而一民小人之道也其分列八方之位則離南坎北震東兌西巽東南艮東北坤西南乾西北始震次巽而終於艮始東次南而終於北發生於始收成於終以象一歲流行之功用故易曰帝出乎震齊乎巽相見乎離致役乎坤悅乎兌戰乎乾勞乎坎成言乎艮是也詳而論之後

天卦位雖以流行爲義而實則卦有陰陽純駁所居宮位亦相符合毫無牽强故常觀元運化用之極紐首以天地二極爲要區非卦得陰陽之至純者不足以居之是故天之北極在亥而乾以純陽天象居西北地之南極在申而坤以純陰地象居西南俱是當關極切之處非徒以乾坤老亢而退居於無爲之地也至矣哉乾坤爲陰陽之祖宗象卦之父母天地藉之以綱維氣化賴之以統攝備後天不以二卦居西南西北之隅則別無宮位以居之而更吃緊於此者此文王所以安頓乾坤兩卦居二極之地妙哉至矣外此坎爲中男離爲中女

非有長男代父長女代母之權何故以坎離代先天之乾坤而居正南正北哉蓋南北之正位中分陰陽而立天地之標準非稟陰陽之正氣者不足以居之故離卦上下皆陽本乎先天乾體而中爻獨陰得坤一陰而中虛坎卦上下皆陰本乎先天坤體而中爻獨陽得乾一陽而中實各得陰陽中之正氣與諸卦雜稟陰陽者不同文王用坎離以正位南北大有深意非偶然也至於震本長男得氣在坎離之先何不以之代乾居南而必以之居正東何哉蓋震一陽始生卦既首冠於六子則所居之位亦必首冠於五方所主之令亦必首冠於四

時長男代父則欲不居青宮以司春令不可得矣此震之所以居正東也然有長男代父以資始自不可無長女代母以資生此巽之所以繼震之後而位居東南也以長女附長男以陰木佐陽木互相協理而使其資始資生之益茂焉耳至若兌爲少女金之弱質乃陰氣之不能自生旺者故以正西居之而左附乾父金資金比右依坤母金賴土生且少女尤爲父母所鍾愛自不得離於左右則西爲兌之樂域矣乃若艮少男似亦土之薄氣然艮陽兌陰其質不同而艮尤能成事稍佐歲功之萬一故以艮居東北時當起元之會水將盡而木將

繼之候也木得土而有滋潤生息之機木得土而有栽培長養之勢此艮之所以兩得居東北以少男附長男其協成一歲之功非艮孰爲之任也妙矣哉二聖之易有後天以致用自不可無先天以立體有先天以立體自不可無後天以致用合先後天而體用兼全大之而天地陰陽小之而民生日用無一不在八卦之中其所謂範圍天地而不過曲成萬物而不遺者也

龍法辨

龍者借名其實言氣而已矣謂地爲龍者亦以地氣之變化莫測言之葢地之爲氣本一而氣之發用多端寻

特書其名而定爲三格一曰高山之龍一曰平崗之龍一曰平原之龍高山千里來龍分幹分枝連續不斷觀其節節槎枒重重茁甲有本有末與木之根本枝幹無異雖屈曲輪囷強弱巨細之不齊總從大幹中抽引而出地脈剝換數起數伏斷而復斷無往不連蓋秉天地陽剛之性歷萬變而質不撓其自大而細也千仞之山束成一縷之脈其自細而大也一縷之脈復化千仞之山蓋其爲體隱現在骨雖穿江渡海而地底石骨自在重泉之下其氣自浮而沉此乃地脈眞精髓液固結膠注帶氣帶骨隨路流行葬者穴之骨與骨接髓與髓粘

此其用法惟宜索脈索脈之道微而實顯縱變化微渺必起穴星譬之於木脈者枝條而穴則花房果蒂也譬之人身脈者其骨而穴則骨將盡際其節隆然而起者也雖散落平坡之中一望遙空四畔無輔而一起星辰連接眞脈皆作山龍而論法或石或土以求眞穴天巧自然思議都絕此一格也平岡者高山之餘筋膜膚肉透迤而下以入於田原者也其重岡之中頓起星辰有脈可尋有穴可求者乃山龍之脫卸變化原屬山龍不作平岡論專言平岡者謂其龍不顯脈穴不起星雖近在山坡之中觀其地勢似乎有所自來而既不起星辰

只名平岡此不能與來龍接脈星體立穴之法求之所云高一尺爲山低一尺爲水要合山水相兼作法以低處作水界定高處土皮之氣論局立穴純借外氣乘元用事此其立穴必有砂角鑽簇水城環繞勢夷而特形散而專必待旺氣元中乃能發福葬法鑿地容棺深不及泉此一格也平原龍者既無山脈亦無高岡地勢至此雖有高低不名起伏雖有袤延不名過脈一切來龍格法結穴星辰總非所論而其體其用專在於水或江河溪澗或溝洫池沼涓滴流澌情同巨浸人工所鑿力比天成水行卽是龍行水轉卽是龍轉水止卽是龍止

蓋大地陽和與天一眞精陰陽交合孳尼孕育內外招
攝剛柔相涵此坎離代乾坤之妙用不可以名言者也
其爲地也必乘元運旺氣而發應速而力大此名水龍
穴名水穴譬之人身山穴其骨水穴其血此陰中之陽
也變動無方葬法不辨土色不穿深壙培土立穴陽精
上浮此一格也是此三格龍法已備楊公曰山上龍神
不下水水裡龍神不上山其義如此然山穴雖不取水
或水大於山有時亦爲水神所制必待水局旺元而發
平岡之用水則與平原無以異也由此言之雖名三格
實二格耳

眞穴辨

山龍有山龍之穴平原有平原之穴皆眞穴也而其用則異平原之眞穴不接龍脈不問穴星不辨土色一邱之內自別榮枯今昔之殊頓移衰旺雖有一定之跡常隨氣運而轉有外相而無內相外氣即是內氣山龍之眞穴全在內氣有外相而又有內相識者必先因外相審其內相外相與內相脗合扞之不失要之內相生成尺寸不移石穴第一太極次之眞土又次之石穴非頑石必有龍口桄棺之石有似琢成止可容棺穴爲眞穴向即眞向太極者土穴也非謂紅白靑黃之土便是眞

土須此圓暈之內重重包裹濃淡淺深璀璨奪目眞土者氣質堅凝色澤鮮潤全與此山不同與太極同爲眞穴凡寻所下山龍未有不得此而泛指爲眞穴者此等佳穴今人只緣不知外相則不善審脈不曉星體而孟浪開鑿何從憶中無怪來玄珠于赤水得之者恒少也嗚呼種德之英不概見大地之寶不世出其湮沒也宜哉世之論穴情者不啻千萬而總無眞訣最庸陋者喝形點穴一家曰龍形下龍頷虎形下王字象形下鼻穴龜形下息穴鳳形下鳳翼或下蜘蛛蜘蛛下網心人形下臍陰黃蛇聽蛤其情在耳雁落平沙其情在蘆織女

抛梭動在兩乳仙人獻掌穴在掌心粧台必有粉盒棋盤須點將軍梧桐葉上偏生子楊柳枝頭出正心如此之類不勝枚舉彼第觀夫名家作記偶一喝形此不過眼中看定眞穴無從顯言故托物寄情緣形寓巧使人尋文會意彷彿遇之耳豈沾沾以喝形爲哉亦有種種証穴之法曰龍虎証穴曰水城証穴曰案山証穴曰星曜証穴曰鬼樂証穴或以案山之高下定穴之高下或以過峽之浮沉定穴之浮沉或以龍從左來穴居右右來居左皆不知眞穴消息舍本求末棄主就賓暗中摸索而已亦有五星定穴者金星宜開口土星宜掛角木

星宜楸皮宜節苞火星宜剪尖水星宜水泡差爲近之而執定五星總非要訣又世傳楊公十二倒杖法意楊公當日携杖登山隨機指點後人神其說以爲穴法在杖耳且立穴只有一法何假十二至于一法之用千變萬化又豈十二之所得盡哉更有窩鉗乳突之異蓋粘倚撞之分論其結穴點穴之理實不外是而究不得其出脈之源若其裁制之法曰乘金相水穴土印木于水曰金魚曰蝦鬚曰蟹眼于沙曰蟬翼曰牛角又曰若還剖破太極暈水蟻便浸棺此亦定穴之準繩而豈血脈之眞面目哉眞知穴法者一見洞然如明鏡照物不待

旁求無煩苦索不過曰龍脈眞星體確浮沉吞吐前後左右之間求取眞穴而已矣既得眞穴有界水亦得無界水亦得有陰沙亦得無陰沙亦得蓋山形顯著者古今不移而土膚之微茫者草木變易豈可舍其顯著而信其不可知也哉世所指爲太極者乃外相之太極非內相之太極也苟不剖破何以容棺若不得眞穴雖不剖破蟻水安免既得眞穴剖破正所以接脈接脈正所以避蟻水又安從浸棺耶又有精微之論曰草中之蛇灰中之線雲中之雁霧中之酥蓋別有一種變幻之穴骨氣消鎔殆盡散落平夷渺不可測此則用法眼求之

無中生有虛中取實正把捉之法非虛渺之談也而豈謂凡下穴者盡舍其昭昭而索其冥冥乎總之古人立論本欲世人周規折矩因此悟穴之法耳不意一法立而一弊生解縛之法反成增縛故直欲掃除一切名相之談單提直指使明眼人不假旁求以形响爲逼眞焉夫穴在高巖之頂或在淸冷之淵或絕壁懸崖俯視無底或單身隻立曠野無依苟胎元既完何須龍虎眞息住處奚假明堂至寶常在路旁無人能識盛德不修文貌何處搜求我爲指出亦有三法一曰孕育之穴一曰迎接之穴一曰邀奪之穴夫孕育之穴結聚之穴也或

腰結或大盡眞龍特出變化無方有奇脈有正星不是石函須見太極此穴至美而或以醜拙出之故最不易識葬者視其局之大小決其福之厚薄苟非世積陰功忠孝節義之家不輕指點此穴中第一格也迎接之穴不必眞結乃是此山旺氣變動生發之機耳或取息肉或掛流神扦之一法迎其旺氣接其生機故曰迎接不見石函亦無太極只要其土潤澤堅凝便爲消息亦可富貴審息斟之酌之亦眞穴也邀奪之穴龍身之法也眞龍方行未住而龍脊之上葬若三停穴星呈露後見其來前不厭去則立騎龍之穴或轉關之處眞峽之傍

節苞萌芽穴星忽見龍身自去此穴自留則立斬關之穴凡此三法隨其龍身之貴稱量而發而世代不能悠久亦眞穴也要之格雖有三而其法本一故曰得其一萬事畢穴法之謂也

陽宅辨

人生禍福之數陰宅居其半陽宅居其半若祖墓不沾凶氣一遇吉宅輒至榮華若住宅正屬衰危縱有佳扦亦難發福陽宅之不可不重如此我爲辨之亦有三格一曰井邑之宅二曰曠野之宅三曰山谷之宅夫井邑之宅或居城郭或居市鎭萬井爨烟重闌比戶地脈朝

向大畧相同而效其吉凶判然各別此其所重街巷道路爲先方隅門風爲要而水次之蓋車馬人跡咽々闐々喧振塵飛無非動氣此其嘘枯吹生焰涌影搖不同岑寂之鄉若更水法得宜舟帆交横尤爲出格之局得其元者富貴驟至蓋此宅也曠野之宅以水爲主而風門方隅次之道路又次之若大江大河則其應亦大小溝小澗則其應亦小此與平原龍法同科而微有細大之殊專擅一方氣鍾于特若元運綿長奕世承祧子孫不替茲此宅也山谷之宅以風爲主其餘皆次之蓋其風摩空而下障之者萬尋而漏之者千仞竅穴吹條排

山拔木其吹祥也發不旋踵其吹咎也殄無餘迹非眞得眞元之氣我不敢居也嗚呼安得三元不替之山谷而奕世沐其休乎雖夫桑麻與世迴絕擬乎仙都恭此宅也凡此三宅皆擇堂氣寛舒水泉平衍之地而築之若夫通都大邑自然龍脈之結聚然其所謂聚勢聚而已氣聚而已豈若陰基之地一縷靈光如花房含露與人之骨髓相沾哉蓋陽宅之所收者外氣而已山川風物挹攬光華雲奔電閃其作用只在泉土之表非求之一縷之絡至於翻卦遊年此占年之小數非定宅之正經也知楊公眞旨則概可畧也此皆昔人未發之義乎

特爲辨析以告世之工於相宅者

八卦先後天體用說

易之一字日上月下一畫中分而陰陽判所謂太極分兩儀也自兩儀立而四象成四象成而八卦定矣原夫天地之始一坎離之氣而已矣坎水也而中有一陽戊土離火也而中有一陰己土自離坎一交而戊土入離中成乾卦乾位夫上矣己土入坎中成坤卦坤位夫下矣易所云天地定位者此也於是積離之氣而爲日積坎之氣而爲月東西者日月之門戶也故離位夫東坎位夫西然兎者月之象而反麗夫東烏者日之象而反

麗夫西者何也此陰陽交感之理也易所云水火不相射者此也西北多山東南多水故艮位夫西北兌位夫東南西北天門也東南地戶也崑崙之頂起於天門尾閭之水洩於地戶而潮汐則上應太陰以為升降一晝一夜一往一返此氣之上湧天門而直達夫地戶也易所云山澤通氣者此也鼓萬物者莫疾乎雷動萬物者莫疾乎風晉史天文志黃河為天地之脈絡通行西南東北之方因之乾坤得以相摩八卦得以相盪運而不停萬物得以生生而不息故夫子讚易曰鼓之以雷霆潤之以風雨日月運行一寒一暑易所云雷風相薄者

此也此先天八卦之體也若夫乾之後天離也坤之後天坎也坎一數離九數合而爲十中藏戊己之氣共十五數六卦皆受天地之偏而坎離得天地之正中氣者二十四位皆在局中下坎離卽下中氣矣坎之先天坤也離之先天乾也下坎離卽下乾坤矣坎爲月離爲日下坎離卽下震兌矣在易爲坎離之交姤爲水火之既濟水火相濟而不犯消滅其妙何如故坎離之局爲第一先天之艮卽後天之乾也先天之兌卽後天之巽也乾數六巽數四合而爲十通中央之數亦合十五乾巽相通卽天門地戶往來之道也乾山巽水入則開闢全

矣先天之震卽後天之艮也先天之巽卽後天之坤也坤二而艮八合數爲十通中央之數亦合十五天河始於艮而終於坤爲天地之脈絡萬物生息而不窮故用而易發也但雷風相薄於天地未判之先故先吉艮二陰而一陽坤則六陰皆全陰小人也君子道消小人道長故不免於後凶先天之離卽後天之震也先天之坎卽後天之兌也震數三兌數七亦合爲十得中央之數亦爲十五蓋此卦氣純厚不患消滅每出高世之才超羣之士以震兌卽坎離之方也此後天八卦之用也

平洋千金訣

堪輿之文繫且多要訣盡包羅勸君平洋看水龍彎曲是眞龍直來直去氣不收不了死龍頭曲處不分名眞息逆上胎斯結穴後分流氣脈空葬下便遭凶單龍轉結氣脈和子息自登科更有孳龍相護應富貴天然定水龍首尾要知音穴道可相親水龍葬法分三格時師尚未得蕩龍帶秀亦堪扦又有落河邊公行幹水人人見不及私情戀第一看水先看來駁雜不須裁但見來源從一卦此地眞無價來情得合福周全非時禍亦專得合失合觀九氣此是先天數一卦統三顛倒顛關竅此中傳左右挨加順逆行分明辨五星管一帶二人不

知禍福不差遲惟有乾坤一大關代代作高官交姤陰
陽妙更元差遲禍難言來龍生氣既乘時作法更精微
從來穴有諸般法不許差毫髮信手拈來皆妙道處處
爲眞造若將吉地變爲凶笑殺眼朦朧先天體格後天
用末本分輕重內氣外氣爲經緯連絡無相悖上天列
宿五行精三分論挨星元辰一滴爲眞蒂太極生天地
時師不明生尅理進退無憑據紫微北極坐中央天星
佈八方二十四山雙雙起父母相交際天然向法認金
龍十字問眞踪金龍來短近安排來長遠處裁不辨天
星犯差錯葬下多蕭索三星五吉神仙法體用多包括

下手當知直達機補究得便宜近應遠應要清純差亂禍來頻三元變化可通神死執便非經去水之方有還氣時師少能會會得水龍來氣情分房知廢興古人又有修龍訣與君相會說濬疏得法自天至一點作根源血脈流通百脈勻化育自陽春平洋與山法不一坐後空尤吉左右低平前面高涯氣產英豪極低便作水來論乾流亦有神平洋三法須要知持此與君推山中帶骨眞氣結浮土反成拙葬水還勝葬山好山龍眞穴少山龍葬法有差殊入手可詳知龍經萬卷話成虛不及一篇書

黃白二氣說

客問地理家平地立局之旨何居曰昔有至人玄默忘形升神大虛乍離黃壤未即高天垂光俯視萬里如掌諸家莫睹惟見黃白二氣縱橫四馳散布瀰漫若和風揚砂動而不疾者黃氣也經緯橫施蜿蜒不斷勢隆隆起綿若匹練聚若縈雲有光耀物外柔中堅者白氣也黃氣者大塊之土氣白氣者江湖溪澗之水氣也白氣界於黃氣之中並行而分道黃氣所至遇白氣輒止白氣爲城垣黃氣爲雲烟白氣爲囊橐黃氣爲條根地理家依水立局乘止氣也白氣爲引黃氣爲隨衆引所交

其隨則聚故水欲其合白氣宜流黃氣直隨白氣蠕動黃氣瀠洄直隨則散瀠洄則聚故水欲其折白氣一遇黃氣一止白氣再遇黃氣再止如是三四如是五六以至於無窮少遇則薄多遇愈厚故水欲其重白氣長梗黃氣雖止無所依戀無所扳援乃從左右背走止而終散必有枝條槎枒氣乃得留故水欲其界界而平直止而復行故水欲其圍我穴其圍左右並歸若水斷際反爲水源黃氣爲衆水所拘遏斷得門黃氣從門而出無所得獲不出則無所不獲故水欲其通小水在南大水在北我雖依南不專於南小水在東大水在西我雖依

東不常於東親疏分情賓主分勢當知親親而等疏主主而禮賓故大江大湖之傍外氣內氣交橫於此建都立邑置宅安塋參量均衡有不可廢非獨水也高山茂林巍居峻都皆足以回風反氣自高及下廸黃氣之來歸橋梁街道車馬人跡之所往來亦足以振動黃氣動則引之使來靜則限之使止斯非至精孰與於斯乎

玄關秘語

陰陽二宅本一理玄關通竅斯爲美楊公曾有金龍說動與不動分優劣龍有動氣乃尋穴穴合玄關方入格砂辨生旺之飛走水詳來去之兩口三吉六秀雖云好

失時失令也煩惱四墓八殺本凶神得元得運亦尊榮
語君尋穴看交媾交媾全在向首妙向首得令救人貧
不透玄關總不盡天光落處看風色地氣還從天氣得
天氣卻從空中來內外兩氣仔細排中五立極左右行
吉凶界限在城門城門一訣值千金生旺衰敗此中分
二十四山逐年轉星辰喜忌在合元陰換陽兮陽換陰
宅墓隨時定災祥山管山兮水管水全在高人心目裡
識得眞陰與眞陽着手拈來自生春堪笑庸儒無見識
口講指畫是玉尺挨星大卦本玄玄不遇仁人莫亂傳
嘉慶丙子年識於南嶽上封寺後棟方丈右廂

黃白二氣章

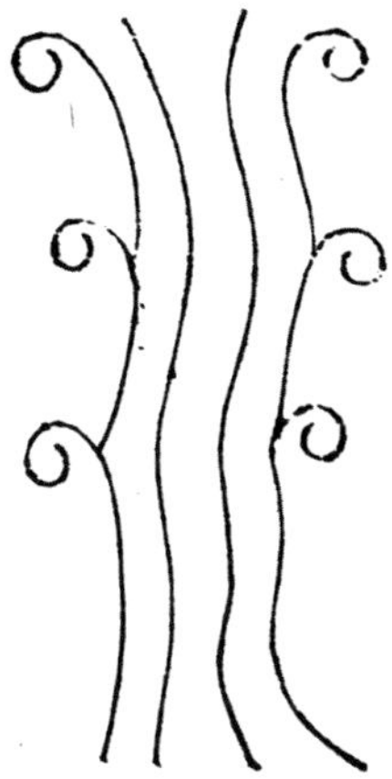

蠕動縈洄

交聚

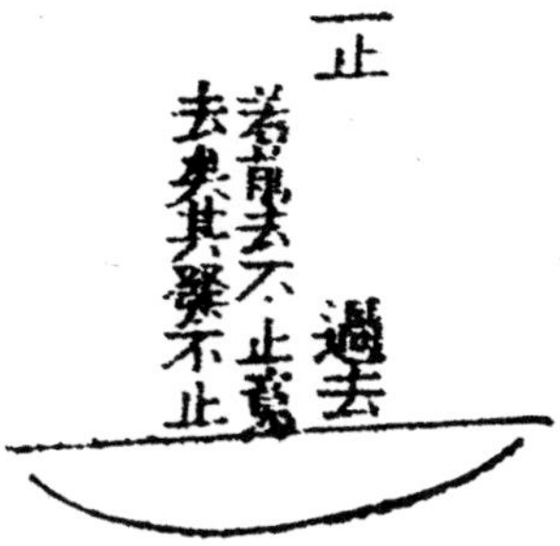

三結穴

二結穴

三引 三隨引 二隨引 來引 二引 一隨

三引 三隨 二引 來 一隨 一引 二隨

一止

過去

若龍去不止處
去來其勢不止

再止

止多則
氣住

三止

過

止

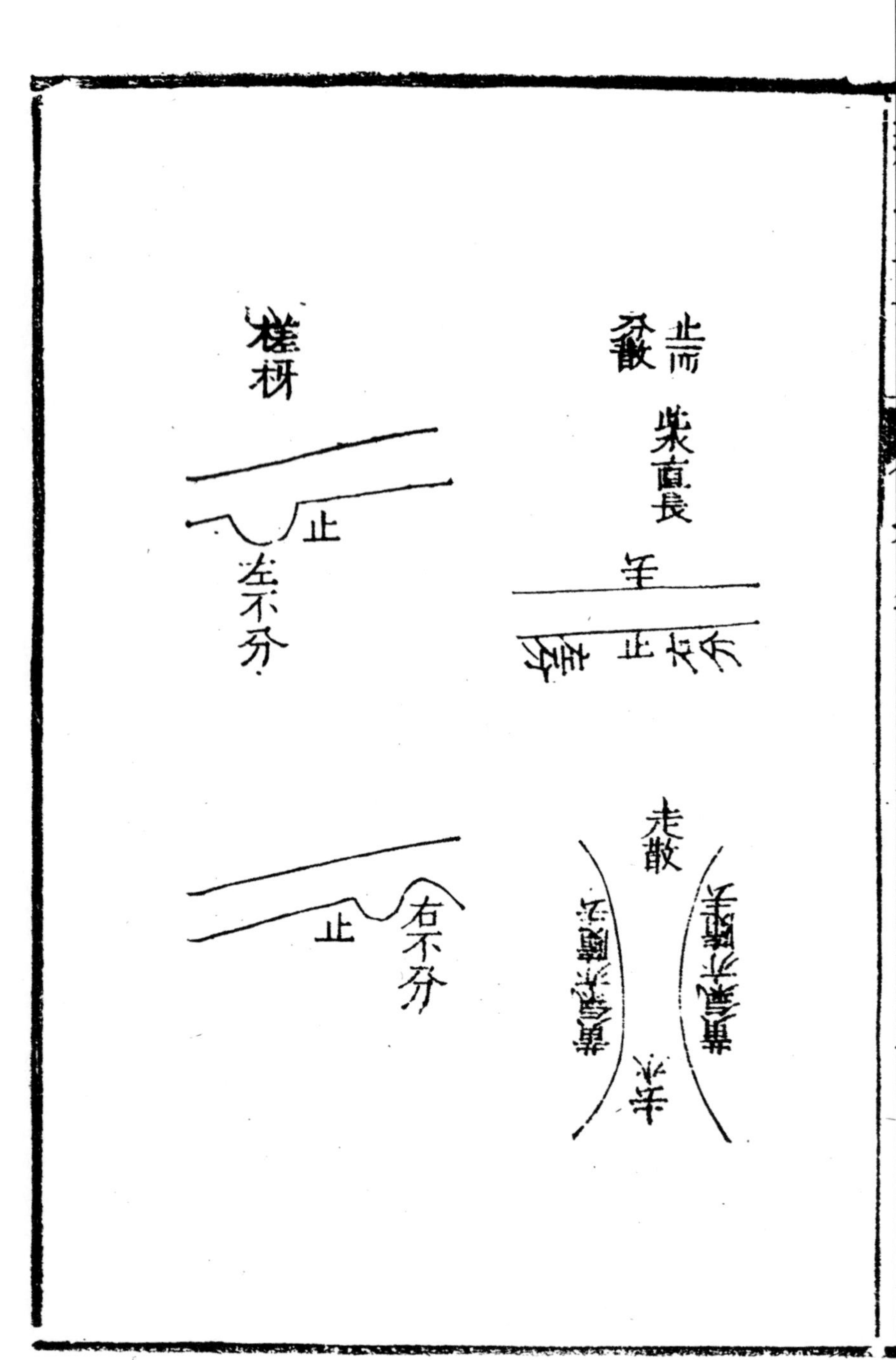
直長
止
左不分
右不分
止

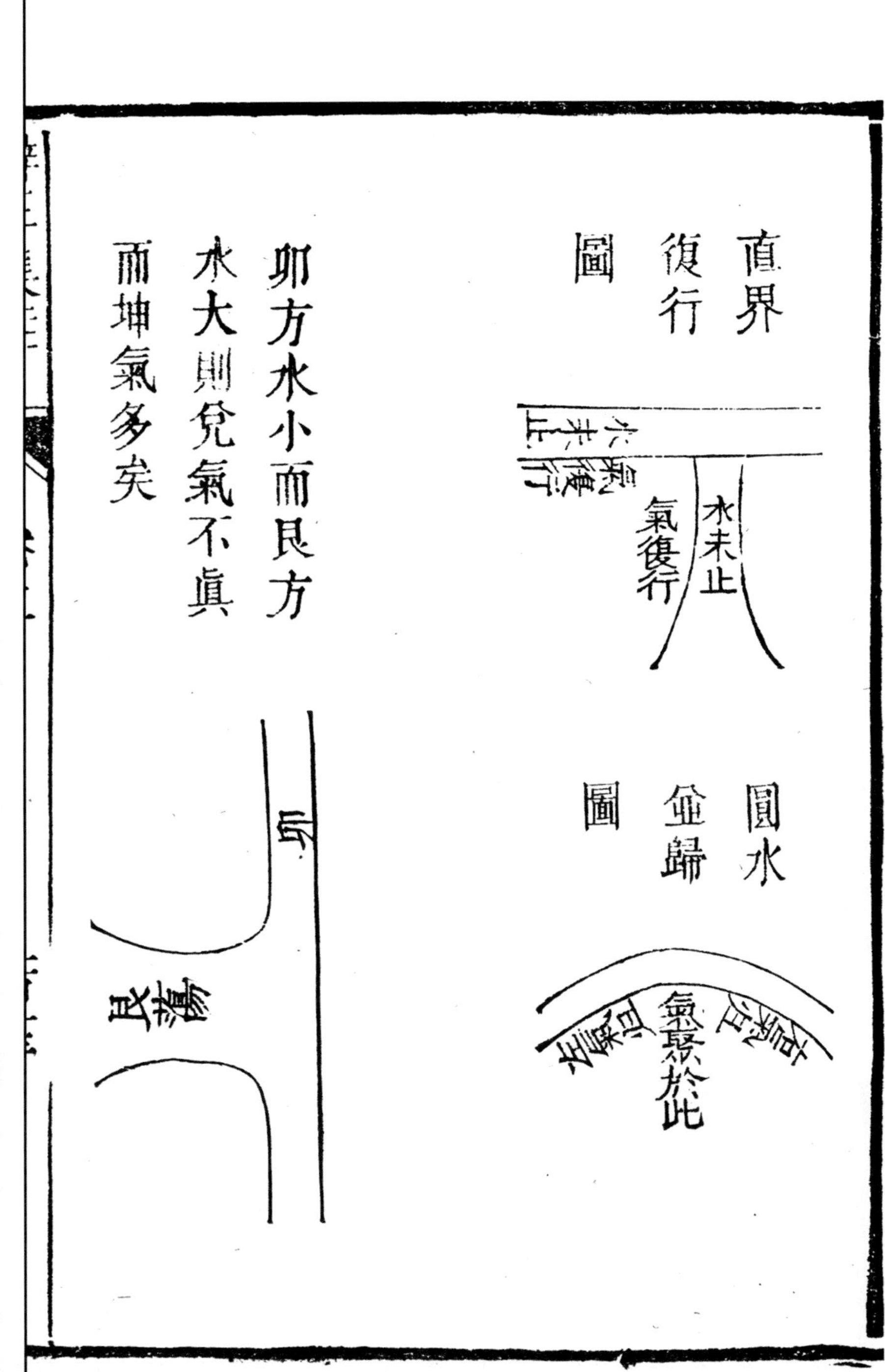

直界復行圖

圓水金歸圖

卯方水小而艮方水大則兌氣不真而坤氣多矣

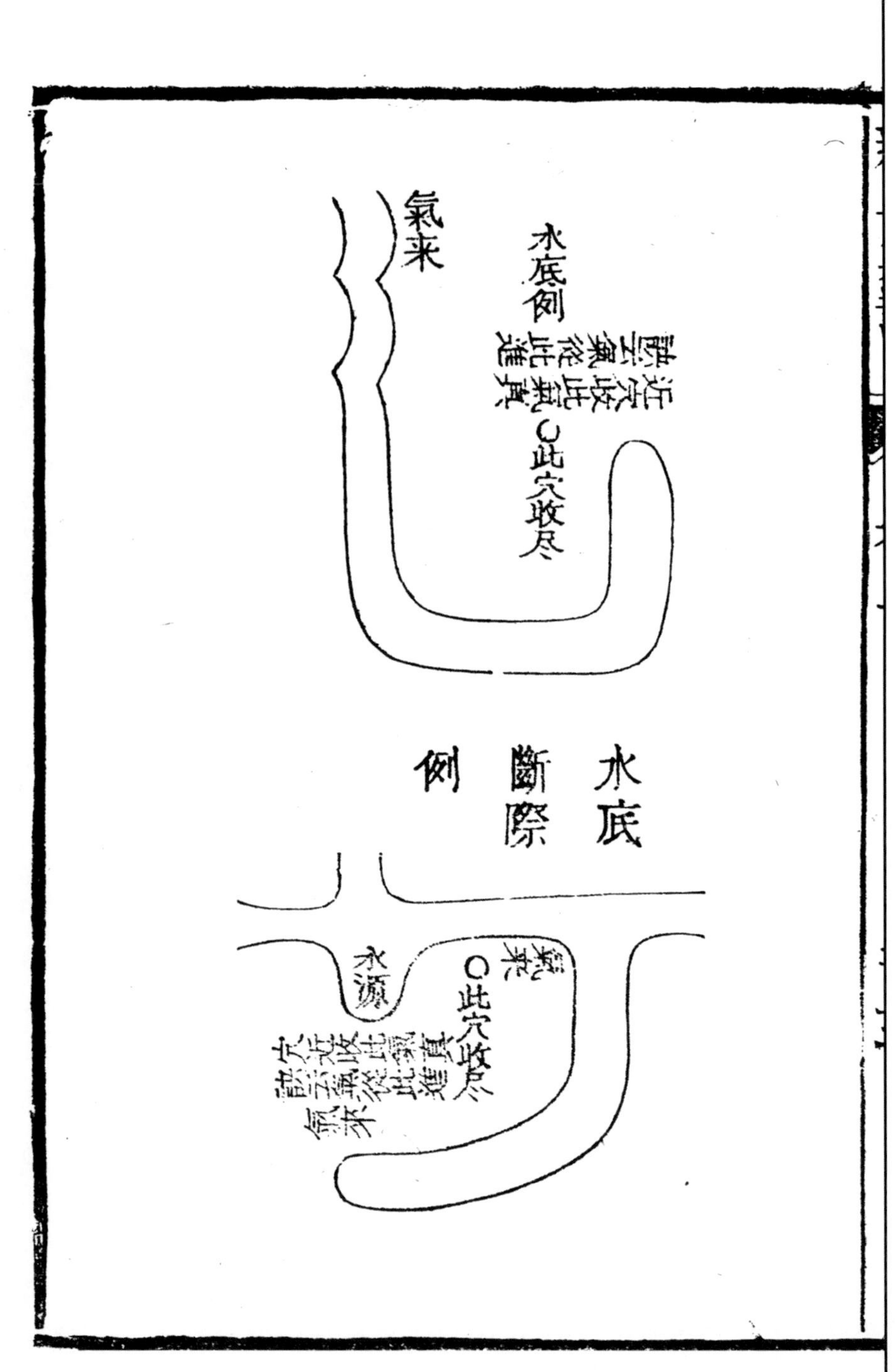
水底例
氣來
○此穴收盡
近穴收此氣真
融云氣從此進
水底斷際例
水源
氣來
○此穴收盡
真氣從此進
近穴收此氣
穴融云氣來